AF495349

CHAQUE PIÈCE, 20 CENTIMES.
291 ET 292e LIVRAISONS.

MICHEL LÉVY FRÈRES, ÉDITEURS,
RUE VIVIENNE, 2 BIS.

MICHEL CERVANTES

DRAME EN CINQ ACTES, EN VERS

PAR M. THÉODORE MURET

REPRÉSENTÉ POUR LA PREMIÈRE FOIS, A PARIS, SUR LE SECOND THÉATRE-FRANÇAIS (ODÉON), LE 28 MARS 1856.

DISTRIBUTION DE LA PIÈCE:

MICHEL CERVANTES	MM. TISSERANT.	PREMIER HUISSIER DU PALAIS	MM. GRENIER.
PHILIPPE III, roi d'Espagne	REY.	DEUXIÈME HUISSIER	DORIN.
LE MARQUIS D'OLMEDO	KIME.	UN OFFICIER	L'ERNEST.
MIRALÈS, étudiant de l'Université de Madrid.	LARAY.	JOSÉFA, fille de Cervantes	Mlle BÉRENGÈRE.
DIÉGO, autre étudiant	RIGA.	LA COMTESSE DE SANTAFLOR	Mme TOSCAN.
LE CAPITAINE RIFADOR	SAINT-LÉON.	PABLO, étudiant	Mlle ANTONIA.
SANCHO PÉREZ, aubergiste	THIRON.	SEIGNEURS, ÉTUDIANTS, SOLLICITEURS, PAGES, HAL-	
DON ALONZE, conseiller de Castille	FRÉVILLE.	LEBARDIERS, DEUX PRISONNIERS, TROIS GARDIENS.	
DON RAMON, conseiller de Castille	GILBERT.		

La scène est aux environs de Madrid et à Madrid même, dans les premières années du dix-septième siècle.

NOTA. — Toutes les indications sont prises par rapport au spectateur, le premier personnage indiqué tenant la gauche du public.

— Droits de représentation, de reproduction et de traduction réservés. —

ACTE PREMIER

Une auberge aux environs de Madrid ; salle complétement ouverte au fond, et laissant voir la campagne, qui doit avoir un caractère sec et aride. Des deux côtés, portes donnant dans l'intérieur de l'auberge, des tables et des siéges.

SCÈNE PREMIÈRE.

MIRALÈS, DIÉGO, ET AUTRES ÉTUDIANTS.

(Ils sont groupés, les uns assis, les autres debout, et boivent. Leurs bâtons et leurs petits paquets de voyage sont posés à terre ou sur les tables.)

PABLO.
A nos succès futurs!

MIRALÈS.
Présage souriant!
A mon premier malade!

DIÉGO.
A mon premier client!

MIRALÈS.
De Madrid seulement deux heures nous séparent;
Et maintenant, amis, nos forces, que réparent
De vin aragonais ces trois ou quatre coups,
Quand le but est si près, doivent renaître en nous.

DIÉGO.
C'est que l'étape est longue et la chaleur est forte.
Sur le chemin poudreux, le coursier qui nous porte,
Le voilà... nos deux pieds, chaussés tant bien que mal,
Et quand on va longtemps sur le même cheval...

MIRALÈS.
Le plus las, tu le sais, en approchant du terme,
Redresse son oreille et retrouve un pas ferme;
Fais-en autant, Diégo! Mais vois donc, vois, là-bas,
De l'Université s'ouvrir pour nous les bras,
Pour nous, ses chers enfants, qu'en son savant domaine,

Septembre finissant des vacances ramène!
Tendre Université, verse à tes nourrissons
Le lait fortifiant de tes doctes leçons!
Des sucs de la science assaisonne et relève
De leurs maigres repas la cuisine assez brève!
Apprentis Cicérons et futurs Galiens,
N'avons-nous pas, d'ailleurs, — ce qui vaut tous les biens, —
Pour nos nuits, le sommeil exempt d'inquiétude;
Pour nos jours, la gaîté qui rafraîchit l'étude;
Au sentier de la vie, ainsi qu'en ce chemin,
L'espoir qui, souriant, nous conduit par la main,
Devant nous, tout exprès, comble les fondrières,
Adoucit sous nos pieds l'angle tranchant des pierres,
Sur le sable altéré sème de verts gazons,
Et fait briller l'aurore aux plus noirs horizons!

DIÉGO.

Il a, ce Miralès, un heureux caractère!

MIRALÈS.

Va, va, du sombre ennui superbe tributaire,
Le roi Philippe trois, sous ses pompeux lambris,
Peut-être à ce trésor mettrait un bien haut prix.
Le simple étudiant, narguant le sort avare,
Et du dos de la main frôlant une guitare,
Qui, le soir, sur un banc à son aise accoudé,
Voit passer devant lui, cortége tout brodé,
Des seigneurs de la cour la Royauté suivie,
A ce luxe brillant ne porte point envie,
Et pour ce qu'il n'a pas, sans se mettre en émoi,
Tout autant qu'un monarque, en lui-même il est roi.

DIÉGO.

Bien; mais en attendant, rois privés d'apanage,
Acquittons notre écot.

MIRALÈS, tirant une bourse.

Pour l'argent du voyage,
On m'a, de trésorier, remis l'emploi flatteur.
Comme, en certain récit, Ésopus le conteur,
J'ai senti par degrés diminuer ma charge.

PABLO.

Il est temps d'arriver.

MIRALÈS.

Nous avons de la marge ;
(Il appelle en frappant sur une table.)
Dix-huit réaux encor! — Holà! Ho!

SCÈNE II.

LES MÊMES, SANCHO PÉREZ.

MIRALÈS, à Sancho, qui entre par la gauche.

Venez ça !
Respectable hôtelier! seigneur Sancho Pança!

SANCHO.

Sancho Pérez, Messieurs : c'est ainsi qu'on me nomme.

MIRALÈS.

Pérez? va pour Pérez! Nous vous devons la somme?...

SANCHO.

De neuf réaux en tout.

MIRALÈS, comptant l'argent sur une table.

Neuf réaux... les voici :
Deux... trois... quatre .. comptez.

SANCHO.

C'est bien cela, merci,
Seigneur étudiant; et devant cette porte,
Quand vous repasserez...: réception accorte,
Et d'un prix modéré. Vous connaissez mon vin:
Sent-il sa peau de bouc! Un breuvage divin!
Surtout, lorsqu'une fois par vous sera goûtée
Une olla-podrida de ma main apprêtée,
Jamais votre estomac n'en perdra souvenir.

MIRALÈS.

Très-bien, seigneur Pança; nous pourrons revenir.

SANCHO.

Pardon : Sancho Pérez.

MIRALÈS.

Avec cette figure,
Ce ventre florissant, cette ronde encolure,
C'est que *Sancho Pança* vous conviendrait si bien !...

A ce frappant rapport pour qu'il ne manque rien,
Vous devez être beau, du moins, je l'imagine,
Enfourchant d'un grison la pacifique échine ;
Car vous m'apparaissez, sur un grison monté,
Le maître dignement par l'âne complété.

SANCHO.

Et quand il serait vrai, Monsieur, que j'aie un âne...
Après tout !...

MIRALÈS.

Pour cela loin que je vous condamne,
D'avoir bien deviné vous me voyez ravi.

SANCHO.

Le meunier par son âne est toujours bien servi;
Fil d'argent ne vaut rien pour attacher des gerbes,
Le proverbe le dit.

MIRALÈS.

Il cite des proverbes!
Admirable! Parfait!

DIÉGO, PABLO, ET LES AUTRES ÉTUDIANTS.

Merveilleux!

MIRALÈS.

En deux mots,
Vous et Sancho Pança, je vous tiens pour jumeaux!

SANCHO.

Mais ce Pança maudit, quel est-il, homme ou diable?

PABLO.

Comment! vous l'ignorez?

SANCHO.

Oui.

MIRALÈS.

Ce n'est pas croyable!
Don Quichotte et Pança ne vous sont pas connus?
Ces deux noms jusqu'à vous ne sont jamais venus?

SANCHO.

Jamais!

MIRALÈS.

Vous êtes donc un sauvage, un barbare,
Un Vandale, un Teuton, un Hérule, un Bulgare?...

SANCHO.

Je suis un hôtelier de bonne vie et mœurs,
Et qui des envieux ne craint pas les clameurs.

DIÉGO.

Une telle ignorance au siècle fait injure.
Bernons-le; mes amis, sur une couverture!

SANCHO.

Hein?

DIÉGO.

Faisons dans cet art nos preuves de talent!

TOUS.

Oui!
(Deux des étudiants prennent le manteau de Miralès, posé sur une table, et
le déploient pour s'en servir comme d'une couverture.)

DIÉGO.

Voyez-le d'ici, majestueux volant,
A l'instar de Sancho dont il offre le type...

SANCHO.

Si jusqu'à cet excès l'un de vous s'émancipe...

TOUS, voulant se saisir de lui.

Procédons! procédons !

SANCHO.

Gardez de me toucher!
De la sainte Hermandad ici loge un archer,
Et je vais contre vous l'appeler à mon aide!

DIÉGO.

Bah! nous nous en moquons!
(Trois ou quatre des étudiants veulent saisir Sancho. En se débattant au milieu
d'eux, il vient se réfugier près de Miralès.

MIRALÈS.

Voyons, pour lui je plaide.
Usons à son égard de générosité;
Le vol aérien nuirait à sa santé :
L'embonpoint dont pour lui le ciel fut si prodigue,
Donnerait à nos bras, d'ailleurs, trop de fatigue.

DIÉGO.

C'est vrai.

MIRALÈS, à Sancho.
Plus noblement l'on ne saurait agir.
(Aux autres.)
Mais afin, s'il se peut, de le faire rougir,
Ici, devant témoins, hardiment je parie
Que le premier qui vient dans cette hôtellerie,
Du fameux don Quichotte au moins connaît le nom.
Le premier, quel qu'il soit!

DIÉGO.
C'est beaucoup dire.
MIRALÈS.
Non!
Un billet pour demain... au théâtre du Prince...
Qui de vous tient l'enjeu? La valeur en est mince.
DIÉGO.
Je m'y risque... au théâtre un billet pour demain.
Mais c'est bien entendu : le premier être humain...
MIRALÈS.
Dans toute sa rigueur je maintiens mon épreuve.
DIÉGO.
Elle est, ma foi, piquante.
MIRALÈS.
Et, je crois, assez neuve.
A nous deux, maintenant, monseigneur le hasard!
Arrive donc quelqu'un... et plus tôt que plus tard!
SANCHO.
Que ce soit seulement une bonne pratique,
Et je n'en veux pas plus.
MIRALÈS.
Vil calcul de boutique!
DIÉGO, qui est remonté vers le fond, regardant au dehors.
Voici précisément le quelqu'un demandé.
MIRALÈS, qui va vitement regarder.
Bien! que notre pari soit par lui décidé.
DIÉGO.
Un homme à cheveux gris, au maintien noble et sage :
Une dame avec lui... beaux yeux, joli corsage.
MIRALÈS.
Tenez! pour mon succès j'ai le meilleur espoir.
SANCHO, qui a regardé aussi.
Deux mules de louage... un vieux justaucorps noir :
Équipage assez pauvre et dépense modeste ;
Un coup d'œil me suffit.

SCÈNE III.

LES MÊMES, JOSÉFA, CERVANTES. (Ils arrivent par le fond à gauche.)

CERVANTES.
Oui, pour faire ta sieste,
Arrêtons-nous ici, Joséfa, mon enfant.
Hélas! du mieux qu'il peut mon amour te défend ;
Il voudrait t'épargner jusqu'à la lassitude.
JOSÉFA.
O mon père, avec vous nul chemin ne m'est rude.
DIÉGO, à Miralès, lui montrant Cervantes.
Allons donc, Miralès, allons!
MIRALÈS.
C'est que, d'honneur,
Ce voyageur m'impose.
DIÉGO.
Il recule!
MIRALÈS, se décidant et s'avançant vers Cervantes, qu'il salue.
Seigneur,
Excusez, s'il vous plaît, ma bizarre incartade.
Vous croirez mon cerveau sans doute un peu malade :
Le bonnet de docteur l'aura bientôt guéri ;
Puis, quand je vous dirai qu'il s'agit d'un pari...
CERVANTES.
D'un pari?... De bon cœur je désire, jeune homme,
Qu'il soit gagné par vous.
MIRALÈS.
Oh! petite est la somme ;
Mais on tient à son dire.
CERVANTES.
Et c'est mon jugement

Qui servira d'arbitre?
MIRALÈS.
Un mot suffit.
CERVANTES.
Comment?
MIRALÈS.
Rien qu'un *non* ou qu'un *oui*. Connaissez-vous un livre
Qui, j'en suis assuré, dans l'avenir doit vivre :
Don Quichotte?
CERVANTES, après une pause.
Oui.
MIRALÈS.
Bravo! j'ai gagné!
DIÉGO.
J'ai perdu.
MIRALÈS.
C'est que, voyez-vous bien, moi, j'avais prétendu
Que le premier venu, fût-ce au moins par le titre,
Connaîtrait *Don Quichotte*.
CERVANTES.
Il n'est pas un chapitre
Qui, dans ce roman-là, ne me soit familier.
MIRALÈS, à Sancho, qui est entré depuis un moment.
Vous l'avez entendu, trop ignare hôtelier!
Allez donc à présent vous remettre à la broche.
SANCHO.
Sancho Pérez, Messieurs, ne craint aucun reproche.
CERVANTES, à Sancho.
Ma fille aurait besoin de prendre du repos.
Avez-vous une chambre?
SANCHO.
Oui, là, tout à propos,
Il en est une libre, et sur-le-champ ma femme
Va la montrer, seigneur, à cette jeune dame.
CERVANTES.
Bien.
JOSÉFA.
Seulement une heure, et nous repartirons.
(Elle sort par la gauche, précédée de Sancho.)

SCÈNE IV.

CERVANTES, MIRALÈS, DIÉGO, LES ÉTUDIANTS.

MIRALÈS, à lui-même, suivant Joséfa des yeux tandis que Cervantes accompagne sa fille jusqu'à la porte.
Quelle couronne d'or vous garde ses fleurons?
Beaux yeux, bouche adorable! heureux qui pourra dire
Vous avoir vus pour lui rayonner et sourire!
DIÉGO.
Ça, qu'as-tu, Miralès, avec cet air pensif?
MIRALÈS.
Moi?... rien...
CERVANTES, revenant.
Vous êtes donc épris d'un goût bien vif,
Seigneur étudiant, pour ce certain ouvrage,
Ce *Don Quichotte?*...
MIRALÈS.
Et vous, seigneur, dont le visage
Annonce un homme expert aux choses de l'esprit,
Le vôtre à mon avis apparemment souscrit?
CERVANTES.
Avec réserve ici souffrez que je m'exprime,
Car je suis... de l'auteur un ami très-intime ;
Il n'a, j'ose le dire, aucun secret pour moi ;
Mon jugement dès lors, vous le sentez...
MIRALÈS.
Eh! quoi!
Vous êtes son ami?... vous pouvez, sur sa vie,
Par des revers cruels, dit-on, trop poursuivie,
Nous donner des détails?...
(Les jeunes gens se rapprochent de Cervantes et se groupent autour de lui.)
CERVANTES.
Oui, sous les coups du sort,
Son courage eut besoin d'un bien constant effort ;
Oui, d'un sentier bien rude il a gravi la pente,

Depuis qu'à son début le blessé de Lépante...

MIRALÈS, avec élan.

Il était à Lépante?

CERVANTES.

Honneur dont il est fier,
Et que l'un de ses bras n'eût pas payé trop cher!
Oh! ce fut, jeunes gens, une grande journée,
Un combat de géants, lutte immense, acharnée,
Où, des débris fumants de ses nombreux vaisseaux,
Le musulman vaincu couvrit au loin les eaux!
Dans son nid formidable, Alger qui se retranche,
Sur le pauvre soldat prit bientôt sa revanche.
Alger, ô lieu maudit, repaire de brigands
Qui, par l'impunité rendus plus arrogants,
Traînent la croix captive au seuil de la mosquée,
Alger, par Charles-Quint vainement attaquée,
Vienne, vienne enfin l'heure où, sous des coups plus sûrs,
Dans ton port étonné s'écrouleront tes murs!
Quelle palme à cueillir sera jamais plus belle!
Gloire à la nation, conquérante immortelle,
Qui, — s'il nous est permis d'entrevoir un tel jour, —
Ira, jusqu'en son aire, étouffer le vautour,
Et par l'Europe entière, à ce triomphe unie,
Fera chanter en chœur sa victoire bénie!

MIRALÈS.

Cervantes a subi ce comble de revers!

CERVANTES.

Cinq ans de ces forbans il a porté les fers :
Oui, vendu comme esclave, il a connu le bagne
Où souffraient comme lui tant de fils de l'Espagne.
Un récit, en passant dans son livre jeté,
Vous a dit les douleurs de sa captivité.
Les fils de Mahomet se souviendront peut-être
Comment leur prisonnier, dénoncé par un traître,
Après qu'il eut du bagne ébranlé les barreaux,
Sut, devant le supplice, imposer aux bourreaux.

MIRALÈS.

Mais du noble soldat, en des jours plus propices,
N'a-t-on par aucun prix reconnu les services?
Lorsque s'ouvrit enfin sa cruelle prison...

CERVANTES.

Le captif délivré n'avait plus de maison.
De sa lourde rançon, à grand'peine complète,
Son humble patrimoine avait payé la dette.
Reprenant l'arquebuse, il reçut de l'État,
Tout comme auparavant, l'obole du soldat.
Puis sa main à l'épée associait la plume.
C'est du milieu des camps que son premier volume,
Galathée, affronta les destins orageux;
C'est là que de sa muse il essayait les jeux,
Mêlant la poésie aux guerrières alarmes.
Plus tard, trop fatigué pour le fardeau des armes,
Il lui fallut ailleurs chercher quelque métier.
A de chétifs emplois forcé de se plier,
Car le bruit, non l'argent, rémunère ses livres,
Il fut l'obscur commis d'un intendant des vivres.
Là, quand la calomnie ose encor l'insulter,
Contre ses ennemis obligé de lutter,
De Séville à Madrid, pénible et long voyage,
Il s'en vient demander, sur le déclin de l'âge,
Un destin moins amer, et la justice, hélas!
Qu'au dernier des humains on ne refuse pas.

MIRALÈS.

Certe, il doit l'obtenir, ou bien c'est une honte!

CERVANTES.

Il pourrait se tromper, cependant, s'il y compte.
Plus d'un fort sous ses yeux fut enlevé d'assaut ;
Mais ici...

SCÈNE V.

LES MÊMES, SANCHO PÉREZ.

SANCHO.

Votre fille a tout ce qu'il lui faut,
Seigneur Cervantes.

MIRALÈS, à Sancho.

Quoi! c'est ainsi qu'il s'appelle?

De qui le tenez-vous?

SANCHO.

Eh! de la demoiselle,
A qui j'ai demandé... seulement pour savoir...

MIRALÈS.

Se peut-il que le ciel en vous nous fasse voir,
Seigneur, cet écrivain incomparable, unique,
Ce génie égaré dans notre siècle inique,
De l'art et du bon goût ce modèle parfait,
Ce maître en bel esprit...

CERVANTES.

Je suis bien, en effet,

(Mouvement général.)

Cervantes l'écrivain; mais dans votre parole,
Beaucoup trop largement éclate l'hyperbole.
Sans en rien refuser, ce que j'accepte ici,
C'est, — et plus d'un chagrin en serait adouci, —
C'est le sincère élan d'intime sympathie
Dont ce langage ami m'offre la garantie,
Et qui, du sort jaloux défiant les rigueurs,
Joint ensemble deux mains, comme il unit deux cœurs.

MIRALÈS, à qui Cervantes a serré la main.

La mienne en restera pour jamais honorée!
Dès maintenant, seigneur, alliance est jurée
Entre vous et nous tous, — n'est-ce pas, compagnons? —
Oui, c'est comme un traité qu'en ce jour nous signons ;
Et dans ce fier Madrid, alerte et vive race,
De l'Université les fils tiennent leur place.
Si du joyeux plaisir ils se montrent épris,
Tout acte lâche et vil excite leur mépris,
Tout noble sentiment à son tour les enflamme.
Plus d'un gros personnage a pris garde à leur blâme,
Car un bon mot parfois atteint d'illustres fronts,
Et le lion à tort se rit des moucherons !

CERVANTES.

La prudence est un guide utile à qui l'écoute.

MIRALÈS.

Et nous l'écouterons. — De nous remettre en route,
Voici l'instant. Seigneur, agréez notre adieu.

(A Sancho Pérez.)

Pour vous, digne hôtelier, nous avons en ce lieu,
Guidés par Apollon, fait rencontre si bonne,
Que, pour la célébrer, notre arrêt vous pardonne.
Bien plus; en souvenir nous vous ferons cadeau
D'une superbe enseigne, historique tableau,
Offrant, sur son baudet, qui partage sa gloire,
Pança, cet écuyer d'immortelle mémoire,
Et du double portrait chacun se régalant,
Dès que vous paraîtrez, s'écriera : « C'est parlant! »

(Pendant ce temps, les étudiants ont de nouveau salué Cervantes; ils ont pris
leurs bâtons et leur bagage, et ils sortent par le fond à droite, en riant
de la mauvaise humeur de Sancho, qui sort par la gauche. — Musique à
l'orchestre pour cette sortie des étudiants.)

SCÈNE VI.

CERVANTES, seul.

(Il s'est assis à droite.)

Nul suffrage, à coup sûr, n'est mieux fait pour me plaire.
Mon livre se répand... il devient populaire...
Oui, dans ces jeunes gens, pleins de l'amour de l'art,
Et du bon et du vrai l'instinct parle sans fard.
Déité radieuse, ô jeunesse, jeunesse,
Toi qui, d'un seul regard, féconde enchanteresse,
Sur l'épineux buisson fais éclore des fleurs,
A ton contact heureux, après tant de malheurs,
Je sens pour un moment mon âme rafraîchie.
De tout souci, du moins, que n'est-elle affranchie
Pour toi, ma Joséfa, gage de cet amour
Qu'un oubli dédaigneux emporta sans retour!
Tu n'as, ô mon enfant, d'autre appui que ton père!

(Il se lève.)

Ah! si ton avenir m'apparaissait prospère,
Jetant au sort présent un plus ferme défi...

SCÈNE VII.

JOSÉFA, CERVANTES.

JOSÉFA.

Ce moment de repos, mon père, m'a suffi,
Et j'irais maintenant jusques au bout du monde.

CERVANTES.

C'est beaucoup!

JOSÉFA.

Avec vous?

CERVANTES.

Quelquefois je te gronde,
Pourtant!

JOSÉFA.

Bien doucement. Et puis, pour quels motifs?
Lorsque je prends pour vous quelques soins trop actifs,
— Et qui s'en chargerait si ce n'est votre fille? —
Quand je veille un peu tard pour manier l'aiguille,
Ou du mieux que je puis pour aider vos travaux,
En vous mettant au net quelques feuillets nouveaux.

CERVANTES.

Oui, c'est toi, chère enfant, qui me sers de copiste.
Ce métier, cependant, est ennuyeux et triste.

JOSÉFA.

Triste?... ennuyeux? Du tout!... Sous mes agiles doigts,
— Avantage envié qu'à vous-même je dois, —
La plume sait courir, et cet apprentissage
Peut-il être employé pour un meilleur usage?
Il me vaut un plaisir que plus d'un m'envierait.
Quand l'écrit frais éclos est encore un secret,
Par privilége, ainsi, de cette œuvre ébauchée,
Moi, je goûte avant tous la primeur recherchée.
C'est moi qui la première ai, s'il vous plaît, connu
Notre bon chevalier, héros nouveau venu,
Et mon ami Sancho, sans compter Dulcinée,
Dont je m'enorgueillis d'être la sœur aînée.
Voyez si ce n'est pas un bonheur peu commun,
Le vase encor fermé, de sentir le parfum?

CERVANTES.

Contre l'adversité tu t'armes de courage.
Mais de ton beau printemps tel est-il le partage?
Oh! ce n'est pas pour moi, soldat cicatrisé,
Par la lutte endurci, par le soleil bronzé,
Que je crains les rigueurs de la fortune ingrate;
C'est pour toi, mon enfant, pour toi, fleur délicate;
C'est pour ton jeune front, serein et pur miroir,
Que d'un destin plus doux je caressais l'espoir,
Bonheur que vainement je poursuis et j'appelle!
Ainsi que mon héros à la pauvre cervelle,
L'esprit préoccupé d'un rêve décevant,
Je m'en vais me heurter contre un moulin à vent,
Et le cruel moulin, sans pitié pour mon rêve,
De son aile en passant le déchire et l'enlève!

JOSÉFA.

Eh bien! moi, plus que vous, j'ai le cœur rassuré.
L'avenir me sourit dans le ciel azuré.
Nous allons à Madrid, la cité souveraine,
Où le goût et les arts ont, dit-on, leur domaine,
Où fleurit le savoir, où le roi tient sa cour.
Vous ne sauriez manquer, en ce brillant séjour,
De vous voir accueilli suivant votre mérite,
Et dans peu...

SCÈNE VIII.

LES MÊMES, SANCHO PÉREZ, LE MARQUIS
D'OLMEDO, puis LA COMTESSE.

LE MARQUIS, dans la coulisse, au fond, à gauche.

Que chacun obéisse au plus vite,
Autrement...

CERVANTES.

Est-ce un prince, est-ce un ambassadeur,
Qui par tant d'étalage announce sa grandeur?

(Le marquis paraît au fond, précédé de Sancho, et accompagné de plusieurs
laquais, qui s'éloignent ensuite.)

SANCHO, entrant en scène avec le marquis.

Mais, Monseigneur...

LE MARQUIS.

C'est dit!...

JOSÉFA.

Quelle parole altière!

SANCHO.

Permettez: si pourtant...

LE MARQUIS.

Votre maison entière
Pour nous et pour nos gens à peine suffira.

SANCHO.

De son mieux, Monseigneur, on vous satisfera.

LE MARQUIS, allant au-devant de la comtesse qui entre, et lui présentant
la main.

Venez, chère comtesse.

(La comtesse s'assied à gauche.)

SANCHO, à part.

Au fond, tout se compense,
Et si d'après le ton se règle la dépense...

CERVANTES, à part.

Il procède, vraiment, comme en pays conquis.

LA COMTESSE.

A vos soins empressés, combien je dois, marquis!

LE MARQUIS.

Trop heureux!

(La comtesse et lui continuent de s'entretenir ensemble.)

SANCHO, à part.

Quelle aubaine! un carrosse à six mules!

(A Cervantes, avec embarras.)

Monsieur.. c'est malgré moi...

CERVANTES.

Point de vaines formules.
Je vois, cher hôtelier, quel est votre embarras.
Devant ce Monseigneur qui fait tant de fracas,
Si je vous comprends bien, il faut que l'on s'efface?
De grand cœur, à l'instant, je lui cède la place;
A vos perplexités je daigne compatir.
Dans tous les cas, d'ailleurs, nous allons repartir.
Prenez sur ce ducat notre légère dette.

(Souriant.)

Il est de bon aloi.

SANCHO, lui rendant la monnaie.

Croyez que je regrette...
Mais... dans notre métier...

CERVANTES.

Vous êtes trop courtois.

(Il a pris la main de Joséfa; avant de se diriger vers le fond, il passe devant
le marquis, et le salue.)

Monsieur...

LA COMTESSE, qui a jeté les yeux sur Cervantes, à part.

Quel souvenir! ces traits et cette voix!...

(Elle se lève, en ramenant vivement son voile sur son visage.)

CERVANTES.

Restez en ce logis le seul seigneur et maître.
Quoi! Madame à nos yeux interdit de connaître
Des traits qui, j'en suis sûr, charmeraient le regard!
Contre les feux du jour habituel rempart,
Ce voile devrait-il, changeant ainsi d'office,
Nous infliger l'effort d'un pareil sacrifice?

LE MARQUIS.

De compliments, Monsieur, vous êtes dispensé.

CERVANTES.

J'en sais un envers vous parfaitement placé
Qui, — j'en fais juge ici madame la comtesse, —
S'adresserait, Monsieur, à votre politesse.

(A Joséfa.)

Viens, partons, mon enfant.

(Cervantes et Joséfa sortent par le fond à droite, Sancho sort par la gauche.)

SCÈNE IX.

LA COMTESSE, LE MARQUIS.

LA COMTESSE, à part; elle a relevé son voile.

Qu'a-t-il dit?...

LE MARQUIS.

J'ai soupçon

Qu'il voudrait, l'insolent, me faire la leçon.
Ces derniers mots, je crois, prêtaient à l'équivoque.
Je ne tolère pas que de moi l'on se moque,
Moi, marquis d'Olmedo, comte de Guevara....

LA COMTESSE, avec impatience.

Avalos, Illescas, Ortiz.... et cœtera....

LE MARQUIS, galamment.

A ces titres, comtesse, ainsi qu'à tous les autres,
Je tiendrai plus encor, lorsqu'ils seront les vôtres.
Le nom de Santaflor, exprès créé pour vous,
Leur versera l'éclat de ses rayons si doux.
A mon crédit, d'ailleurs, il n'est rien qui résiste.
De la reine, avant peu, première camériste....
Mais quoi! je vois errer votre regard distrait :
Vous ne répondez pas. Par quel souci secret?...

LA COMTESSE.

Aucun!...

LE MARQUIS.

N'ai-je pas droit à votre confiance?
Près de serrer les nœuds d'une heureuse alliance;
A tous vos intérêts je suis associé;
Je veux, dès à présent, m'y mettre de moitié.
Oui, je me sens jaloux de tout ce qui vous touche,
D'un seul de vos regards, d'un mot de votre bouche.
Béni soit le hasard qui, sur votre chemin,
Mit, pour vous être offerts, et mon cœur et ma main!
A Cadix appelé, par un bonheur insigne,
Je vis, en reployant ses ailes comme un cygne,
Arriver le vaisseau qui, parmi les trésors
De la riche Amérique envoyés vers nos bords,
Vous ramenait, comtesse, échappée au naufrage,
Et le front obscurci des crêpes du veuvage.
Votre époux occupait, — sans doute avec honneur,
Là-bas, à Bogota, l'emploi de gouverneur.
Je dirai, cependant, sans un orgueil étrange,
Que mon rang est pour vous un acceptable échange;
Grand maître du palais et chambellan du roi,
Ce poste glorieux, si bien rempli par moi,
Dans l'Etat, à la cour, n'en voit pas qui l'égale.
En ce rang élevé qui, de loin, me signale,
J'ai, c'est tout naturel, quantité d'envieux,
Outre ceux que, bientôt, me feront vos beaux yeux.

LA COMTESSE.

Marquis, dans vos discours brille une grâce extrême.

LE MARQUIS.

Je vais, quant à présent, m'assurer par moi-même
Si l'hôtelier, chez lui fier de nous recevoir,
Aux apprêts commandés se hâte de pourvoir;
Sinon, en votre honneur vertement je le tance,
Et le fais par mes gens bâtonner d'importance,
Car, dans mes sentiments empressés d'éclater,
Aucune attention ne saurait me coûter.

(Il sort.)

SCÈNE X.

LA COMTESSE, seule.

Oh! quel éclair m'a lui! quelle angoisse m'oppresse!
Dans le fond de mon cœur quel fantôme se dresse!
Par delà l'Océan, dans un climat lointain,
L'hymen pendant seize ans enchaîne mon destin;
Libre enfin, je reviens; de la sphère où j'aspire,
Des grandeurs de la cour, de ce splendide empire
Dont mes rêves ardents pouvaient seuls approcher,
Le chemin s'ouvre à moi.... ma main y va toucher!
Déjà de cet éclat ma vue est éblouie;
Et voici que cet homme, — ô rencontre inouïe! —
Cet homme d'autrefois.... qui ne me cherchait pas,
Il existe.... et le sort l'amène sur mes pas!

(Elle se lève.)

Car c'est lui, c'est bien lui! Le soin de ma fortune
Proscrit d'un fol amour la mémoire importune.
Mais... cette jeune fille!...

SCÈNE XI.

SANCHO PÉREZ, LA COMTESSE.

SANCHO, entrant par la gauche, et parlant à la cantonade.

Allons, vous entendez?...
Le couvert... vite!

LA COMTESSE.

Un mot!

SANCHO.

Madame, commandez.

LA COMTESSE.

Ce voyageur qu'ici nous trouvâmes...

SANCHO.

Qu'on nomme
Cervantès?...

LA COMTESSE, simulant l'indifférence.

C'est possible!...

SANCHO.

Et qui paraît, en somme,
Être assez peu de chose... un auteur.... un savant...

LA COMTESSE.

Peut-être que des yeux, par hasard, le suivant,
Vous aurez vu d'ici quelle route il a prise?...

SANCHO.

Il allait à Madrid.

LA COMTESSE.

D'adresse plus précise,
Vous n'en avez pas?...

SANCHO.

Non, Madame.

LA COMTESSE.

C'est assez!

SCÈNE XII.

LES MÊMES, LE MARQUIS.

LE MARQUIS.

Là!... je les ai si bien gourmandés et pressés,
Qu'on nous sert à l'instant. Un appétit féroce
Me talonne, et ma foi...

LA COMTESSE.

Les mules, le carrosse,
Pour repartir, Monsieur, faites tout préparer.

LE MARQUIS.

Nous avons bien le temps.

LA COMTESSE.

Non; sans plus différer.

LE MARQUIS.

Après avoir dîné, pourtant...

LA COMTESSE.

A la minute!

LE MARQUIS.

La volonté des dieux jamais ne se discute.

SANCHO.

Pardon! mais le repas...

LA COMTESSE.

Il vous sera payé.

SANCHO, à qui le marquis jette une bourse, à part.

Et de plus, il me reste!

(Il sort.)

LE MARQUIS.

A vos ordres lié,
J'obéis... Cependant, peut-on savoir la cause?...

LA COMTESSE.

Sans vous rien expliquer, si de vous je dispose,
Voilà sur quelle preuve à vos feux je croirai.

LE MARQUIS.

Dans ce cas...

LA COMTESSE, à part.

A tout prix je les retrouverai!

(Le marquis présente la main à la comtesse; tous deux se dirigent vers le fond.)

FIN DU PREMIER ACTE.

ACTE DEUXIÈME

A Madrid, chez Cervantes. Une chambre modeste. Une porte au fond et une autre à gauche; au fond, à droite, une fenêtre avec un petit balcon, sur lequel sont des pots de fleurs. Du même côté, une petite bibliothèque ou étagère avec des livres; au mur, des armes en trophée et une image de sainteté. A gauche, une table avec quelques livres et des papiers. A droite, un petit guéridon avec une corbeille à ouvrage; du même côté, contre la muraille, une seconde table à tiroir.

—

SCÈNE PREMIÈRE.

CERVANTES, JOSÉFA.

(Joséfa, assise près de la table de droite, raccommode un manteau; Cervantes, à celle de gauche, écrit.)

JOSÉFA.

Quelques points seulement, mon père, et je termine.
De son mieux, vous voyez, mon aiguille chemine,
Et ce manteau, j'espère, avec soin rajusté,
Fera figure encor, par vous si bien porté.

CERVANTES.

C'est un vieux compagnon, à qui ses longs services
Ont, hélas! comme à moi, laissé des cicatrices;
Mais lorsque sa carrière est tout près de finir,
Lui, par un art habile, on peut le rajeunir!

(Il se lève et va vers Joséfa.)

Tu fais là, mon enfant, un ouvrage de fée.

JOSÉFA, tout en continuant de travailler.

Oh! je n'y prétends pas.

CERVANTES.

À ma plainte étouffée,
Afin que les échos ne se montrent plus sourds,
De la féerie, aussi, que n'ai-je le secours!

JOSÉFA, toujours assise et travaillant.

Soit dit sans vous flatter, votre plume, mon père,
Vaut bien un talisman.

CERVANTES.

Une plume est légère,
Et des ducats sont lourds, mis dans l'autre plateau.
Vers qui lui peut offrir une part du gâteau,
De plus d'un gros commis la flexible morale
Fait sans peine incliner sa balance vénale.
Mes titres sont certains, mon droit est évident;
Des magasins royaux un cupide intendant,
Sur moi, pauvre employé, — digne et commode excuse; —
Rejette impudemment la faute qui l'accuse.
J'ai fait, dans un mémoire où tout est discuté,
En termes convaincants parler la vérité.
Mes chiffres positifs n'admettent pas le doute;
Mais auprès des puissants qui me fraiera la route?
Qui me conciliera leur esprit prévenu?

JOSÉFA.

Votre nom, cependant, leur doit être connu.

CERVANTES.

Oui... comme un nom d'auteur... Et nos grands de Castille
Ne voient pas dans ce titre une heureuse apostille.
Un auteur est un homme à qui l'on fait honneur,
Suivant eux, quand la main d'un généreux seigneur,
Pour le récompenser, superbement lui jette
Les reliefs du festin oubliés sur l'assiette.
On lui sait mauvais gré, — très-grand tort, en effet, —
Des succès qu'il obtient et du plaisir qu'il fait;
C'est un éclat rival qui rapetisse et blesse,
Avec l'éclat du nom, celui de la richesse.

JOSÉFA.

Mais, s'il en est ainsi, pour dire le vrai mot,
L'habit brodé d'un grand peut donc couvrir un sot?

CERVANTES.

Quelquefois... Et pourtant, à force d'insistance,
Espérons que ma voix, domptant la malveillance...
Depuis un mois qu'ici nous sommes arrivés,
Ai-je assez de Madrid arpenté les pavés,
Poursuivant, malgré tout, mes pénibles affaires,
Assiégeant les bureaux, courant chez les libraires!
Mon livre est, disent-ils, en tous lieux répandu;

Aucun, depuis longtemps, ne s'est ainsi vendu.
J'en suis bien avancé! De mes veilles ingrates,
Les fruits me sont ravis par d'effrontés pirates.
Point de corrégidors, de juges, d'alguazils,
Pour protéger mon bien! De ces forbans subtils
L'art, qui dédaignerait d'escamoter des bourses,
Se fait, à nos dépens, de plus larges ressources.
Dans mon champ, sous mes yeux, ils viennent moissonner;
Bien mieux! à mon talent ils prétendent donner,
En me dévalisant, une marque d'estime;
On ne me vole pas... non; l'on me réimprime!

JOSÉFA.

Si c'est la même chose...

CERVANTES.

Oh! très-exactement.

JOSÉFA, se levant.

D'après cela, le monde est donc un élément
Qui, partout, sous nos pas, recèle quelque piége?
Que du ciel, en ce cas, la bonté nous protége!

CERVANTES.

Invoquons-le, ma fille!

JOSÉFA.

Oh! pour vous, chaque jour,
Vers lui montent les vœux de mon ardent amour.
Tenez, hier encor, dans l'église voisine,
Prosternée à l'autel de la vierge divine,
Je priais : « Vierge sainte, oh! donnez, donnez-lui,
« De votre douce main le secourable appui! »
Je croyais être seule, et là, dans la chapelle,
Une dame écoutait, noble, imposante et belle,
A l'œil fier qui, pourtant, par un secret plaisir,
En se fixant sur moi paraissait s'adoucir.
D'abord, à me parler je la vois toute prête;
Puis, au pouvoir caché d'une main qui l'arrête,
Hésitante, incertaine, elle semble céder.
Je m'éloigne, je sors; elle, sans m'aborder,
Me suit, et traduisant des pensers que j'ignore,
Son regard de bien loin m'accompagnait encore.

CERVANTES, à lui-même.

C'est bizarre!

JOSÉFA.

Allez-vous, sur ce petit détail,
Vous créer un souci?...

CERVANTES.

Non... Puisque ce travail
Est fini, je m'en vais achever ma toilette.

JOSÉFA.

Très-bien : c'est un objet dont, moi, je m'inquiète.

CERVANTES, à lui-même.

Quelle est donc cette femme... et dans quel intérêt?...

(Il sort à gauche.)

SCÈNE II.

JOSÉFA, seule.

J'ai d'en avoir parlé, maintenant, du regret.
Cette affaire, après tout, n'en valait pas la peine.
Retrouvant dans mes traits quelque image lointaine,
Cette dame... A quoi bon davantage y penser?
De ma mémoire aussi que ne puis-je effacer
Ce jeune homme... A mon père il causa de la joie :
Je dus lui savoir gré. Mais un jour, sur ma voie,
Si le sort le jeta, je ne puis supposer
Que jamais...

(Pendant ces derniers vers, elle a pris sur la seconde table, à droite, un petit vase d'eau, et elle arrose les fleurs sur la fenêtre.)

SCÈNE III.

MIRALÈS, JOSÉFA.

MIRALÈS, au fond, à part.

Du courage! allons, il faut oser!...

Elle est seule!

JOSÉFA.

Ah! quelqu'un!...

MIRALÈS, à part.

De faire ma retraite

(Haut.)

Il n'est plus temps. Pardon si, peut-être indiscrète,
Ma visite...

JOSÉFA.

Monsieur... — Mais c'est vous... oui, vraiment!...

MIRALÈS.

C'est moi qui, dans ma vie heureux événement...

JOSÉFA.

Dans cette hôtellerie, en venant de Séville...

MIRALÈS.

Justement.

JOSÉFA.

Un pari !

MIRALÈS.

Cause en soi bien futile
Qui m'a valu, pourtant, l'honneur inattendu...
Oh! jamais jusque-là je n'aurais prétendu!

JOSÉFA.

A l'instant... — admirez par quel secret mystère!... —
Je pensais au plaisir que vous a dû mon père,
Rayon consolateur qui dans son âme a lui,
Et qu'un heureux hasard nous ramène aujourd'hui.

MIRALÈS.

Un hasard!... oh non pas! une recherche heureuse,
Où j'avais, pour guider ma course aventureuse,
Une étoile, astre pur, flambeau mystérieux,
Comme un fanal ami brillant au front des cieux.
Je passais, croyant bien ma recherche épuisée :
Des fleurs, charmant rideau, paraient une croisée,
Ainsi qu'on se peindrait les célestes parvis :
Je regardais les fleurs... et c'est vous que je vis.

JOSÉFA.

Vous passez donc parfois, Monsieur, dans cette rue?...

MIRALÈS.

Aucune n'est par moi plus souvent parcourue :
Elle mène à l'école, et j'y vais tous les jours
Trois fois au moins; je suis très-exact à mes cours.

JOSÉFA.

Vous devez réussir, avec un si beau zèle.

MIRALÈS.

Si vous m'encouragez, oh! oui, Mademoiselle!...

SCÈNE IV.

CERVANTES, JOSÉFA, MIRALÈS.

JOSÉFA.

Mon père... c'est Monsieur... vous le reconnaissez?...

MIRALÈS.

Comment me flatterais-je ?...

CERVANTES.

Eh! n'est-ce pas assez,
Seigneur étudiant, d'une seule rencontre
Où le cœur sans détour se révèle et se montre?...

MIRALÈS.

Le mien vous est acquis... à la vie, à la mort!

CERVANTES.

Élan sincère et vrai que j'ai compris d'abord!
Par des traits éloquents le vrai toujours éclate.

MIRALÈS.

M'attachant aux leçons du divin Hippocrate,
Sous le docte costume, et par devant témoins,
Je soutins l'autre jour une thèse en trois points,
Et... c'est ici, seigneur, que mon audace est grande,
Je venais vous prier d'en agréer l'offrande.

(Il présente à Cervantes un rouleau de papier.)

CERVANTES, prenant le rouleau qu'il pose ensuite.

Avec bien du plaisir.

MIRALÈS.

Quel surcroît de bonté!
Tout obstacle à présent d'avance est surmonté,
Tout travail est aisé, toute peine est légère!
Et si je réussis!... Quel bonheur pour ma mère!

JOSÉFA, avec intérêt et émotion.

Vous avez votre mère?...

MIRALÈS.

Et j'ai mon père aussi :
Domingo Miralès... vieux chrétien, Dieu merci,
Labourant de ses mains un modeste héritage,
Et d'aucun hidalgo n'enviant le partage.

CERVANTES.

Certe, il a grand'raison : près du soc nourricier,
Tel état que l'on prône est un triste métier.
La main plus dignement ne peut être occupée,
Et la charrue est noble à l'égal de l'épée.

MIRALÈS.

N'est-il pas vrai, seigneur?...

CERVANTES.

Sur ce point-là, je crois
Que mon livre assez haut parle en plusieurs endroits.
En relisant cette œuvre où mon âme respire,
Vous trouverez ainsi, protégés par le rire,
Des pensers sérieux et des enseignements
Qui, parfois, ont besoin de ces déguisements ;
Ce n'est pas à Madrid que la pensée humaine
Jouit paisiblement de son libre domaine :
Le grand inquisiteur...

JOSÉFA.

A ce nom redouté,

Je frémis!...

CERVANTES.

Adorant ta sainte autorité,
Je suis ton humble fils, ô catholique Église!
Mais je doute, entre nous, s'il faut que je le dise,

(Jetant un regard autour de lui.)

Que tel frère, inactif au fond de son couvent,
Soit du Dieu créateur le plus parfait servant;
Que ce Dieu tout-puissant, père de la nature,
Se plaise aux cris affreux d'un homme qu'on torture;
Que l'erreur soit un cas punissable de mort,

(Baissant la voix.)

Et qu'en brûlant les gens on prouve qu'ils ont tort.
Du Morisque opprimé, victime encor saignante,
J'ai plaint à mots couverts l'infortune poignante.
Aux tristes descendants du vaincu Boabdil,
Quand l'Espagne et la foi ne sont plus en péril,
A quoi bon infliger de si dures entraves?
Moi qui portai des fers, je plains tous les esclaves.
Misérable et petit, l'homme a fait la prison,
Et Dieu l'air sans limite et l'immense horizon !

MIRALÈS.

Eh! bien, — il n'est ici nulle indiscrète oreille, —
Par moments, même idée en mon esprit s'éveille,
Mêmes doutes en moi cherchent à s'épancher.
Un jour, voyant un juif qu'on menait au bûcher,
Je n'y pris nul plaisir, et je me dis : En somme,
Tout juif qu'il est, un juif est cependant un homme.

JOSÉFA.

Qui souffre comme nous dans son corps et sa chair!

MIRALÈS.

O penser désormais pour moi doublement cher,
Puisqu'il nous est commun! Aux lèvres d'une femme,
La pitié sied si bien, doux écho de son âme !

SCÈNE V.

LES MÊMES, UN LAQUAIS DU MARQUIS D'OLMEDO.

LE LAQUAIS, d'un ton insolent et le chapeau sur la tête.

Le maître du logis est-il céans?

CERVANTES.

C'est moi.

LE LAQUAIS.

Cervantes... c'est ainsi qu'on vous nomme?

CERVANTES.

Oui : pourquoi?

LE LAQUAIS.

Mon maître est là, Monsieur, et de vous il demande
Un moment d'entretien : il attend.

CERVANTES.

Qu'il attende.

LE LAQUAIS.

Ce n'est pas sa coutume.

MIRALÉS, à part.

Eh! quel ton important!

CERVANTES.

S'il s'enquiert de mon nom, il est juste pourtant
Que j'apprenne le sien.

MIRALÉS.

Logique nette et claire!

LE LAQUAIS.

En ce cas-là, Monsieur, je vais vous satisfaire.

(Avec emphase.)

Le marquis d'Olmédo, Guevara, del Monte,
Avalos, Illescas. .

MIRALÉS.

O générosité!

Pour un nom demandé, voilà qu'il prend la peine
De nous en débiter une demi-douzaine!...

CERVANTES, qui a parlé bas à Joséfa.

Le chambellan?...

LE LAQUAIS.

Lui-même.

MIRALÉS, à part.

Alors, ce ton pompeux...

CERVANTES.

Annoncez que je suis tout à lui.

LE LAQUAIS.

C'est heureux.

(Il sort.)

SCÈNE VI.

CERVANTES, JOSÉFA, MIRALÉS.

CERVANTES.

Le chambellan du roi! Peut-être il nous apporte
Quelque chose de bon. Devant la même porte
Le diable, eût dit Sancho, n'est pas toujours campé.

MIRALÉS.

Non vraiment; dans le monde il est trop occupé.

JOSÉFA, qui s'est approchée de la fenêtre.

De sa chaise voici, là, devant la fenêtre,
Ce seigneur qui descend : nous l'allons voir paraître.

CERVANTES.

Je ne le connais pas, sauf de nom...

JOSÉFA.

Son maintien

Est superbe, et son air...

CERVANTES.

Enfin, nous verrons bien.

SCÈNE VII.

LES MÊMES, LE MARQUIS D'OLMEDO.

LE MARQUIS, au fond, à son laquais.

Qu'on m'attende ici près, au détour de la rue.

(S'avançant et regardant Cervantes.)

Allez. Eh! mais... je crois qu'à mes yeux apparue,
Déjà votre figure... Eh! oui... le mois dernier.

CERVANTES.

Je suis loin, Monseigneur, de vouloir le nier,
Et me rappelle aussi la rencontre fortuite...

LE MARQUIS.

Quelques mots échangés...

JOSÉFA.

Oh! sans aucune suite.

LE MARQUIS.

Vous avez le tour vif, ce tribut vous est dû,
Et le trait qu'on vous jette est lestement rendu.

CERVANTES.

Est-ce un tort, Monseigneur?

JOSÉFA.

Que sur cette aventure,

Votre cœur généreux pleinement nous rassure,
Et que son souvenir dans l'ombre enseveli...

LE MARQUIS.

Soit, je veux condescendre à la mettre en oubli.

JOSÉFA.

Que de remerciments!

CERVANTES.

Puis-je à présent connaître

D'où me vient un bonheur...

LE MARQUIS.

Qui vous surprend peut-être?

J'aurais à vous parler... mais sans témoins.

JOSÉFA.

Je vais

Par ici travailler.

(Elle sort à gauche.)

MIRALÉS, à part, regardant Joséfa.

Un jour... si je pouvais!...

(A Cervantes, prenant congé.)

Seigneur...

CERVANTES.

Au revoir, donc!

(Il accompagne jusqu'à la porte Miralès, qui, en indiquant le marquis, exprime l'intérêt qu'il prend à cette visite.)

SCÈNE VIII.

CERVANTES, LE MARQUIS.

LE MARQUIS, à part, regardant autour de lui.

Assez triste apparence !

Un logement d'auteur... D'après cela, je pense,
Ma proposition...

CERVANTES, revenant.

Voulez-vous accepter

Ce siége, Monseigneur?... et pour vous écouter
Me voilà tout oreille.

(Il offre un fauteuil au marquis et prend une chaise pour lui-même.)

LE MARQUIS, s'étalant dans le fauteuil.

Or donc, sans préambule,

Il est une beauté, Monsieur, pour qui je brûle.
Sur ses divins appas s'il fallait mettre un nom,
Un païen l'eût jadis comparée à Junon,
Tant chez elle aux attraits se joint un port de reine.
Quant à la qualité de l'objet qui m'enchaîne,
Personne plus que moi n'est en droit d'y tenir,
Et son blason au mien peut dignement s'unir.

CERVANTES.

De vous féliciter, Monseigneur, je m'empresse;
Mais je ne comprends pas...

LE MARQUIS.

Aux pieds de la comtesse,

Mon amour attentif, en quête d'un souris,
Va cherchant quels plaisirs pour elle ont quelque prix;
Il interroge un signe, il saisit un indice,
Et tient pour une loi jusqu'au moindre caprice.
Elle a celui des vers plus ou moins bien tournés,
Des soupirs pour Climène en sonnets façonnés,
Des rondeaux parfumés de jasmins et de roses;
Nos dames de la cour se plaisent à ces... choses.
Donc, parmi les écrits composés dans ce goût,
— Et nous n'en manquons pas, — il en est un, surtout,
Où je vois, très-souvent, la comtesse arrêtée.
C'est un roman de vous... qu'on nomme *Galathée.*

CERVANTES, s'inclinant.

Voilà pour mon ouvrage un honneur singulier.

LE MARQUIS.

Puisqu'elle a pour vos chants ce goût particulier,
J'ai pensé que des vers... d'une touche pareille...
Des vers... venant de moi... plairaient à son oreille...
Que l'on apprécierait un tribut si galant.

CERVANTES.

Très-galant, en effet.

LE MARQUIS.

C'est un petit talent

Qu'en moi, sans grand effort, je trouverais sans doute ;
Mais je n'ai pas de temps à perdre en cette joûte ;
Puis, on sait qu'un auteur a besoin de gagner ;
Aussi j'ai préféré sur vous me renseigner.
Au lieu de vous mander, je suis venu : peut-être,
En vous voyant chez moi, des soupçons prompts à naître...
Bref, je suis assez clair, et vous avez saisi ?

CERVANTES.

Parfaitement.

LE MARQUIS.

Très-bien ; mais il faut, songez-y,
Donner les plus grands soins, Monsieur, à ma commande,
Et des plus fines fleurs tresser cette guirlande.
Quant au prix...

CERVANTES.

Permettez...

LE MARQUIS.

J'entends, en un tel cas,
Procéder largement, et cinquante ducats...

CERVANTES.

La question de prix est très-indifférente.

LE MARQUIS.

Pourtant, quand un auteur n'a ni terres ni rente,
Il vit de son état.

CERVANTES, se levant.

Il en vit noblement.
A mes yeux, Monseigneur, l'or n'est pas un aimant
Qui puisse ainsi, pour peu qu'un chaland me requière,
De ma muse à l'encan faire une boutiquière.

LE MARQUIS, qui s'est aussi levé.

Bah ! bah ! nous comprenons... soixante ducats... cent...
Voyons... à ce prix-là votre fierté consent ?
Hein ?... cent ducats sonnants ?...

CERVANTES.

Dispensez-vous, de grâce,

Monseigneur...

LE MARQUIS.

Ce refus, en vérité, me passe.
Comment ! lorsqu'on vous paie... — Il est, j'en jurerais,
Plus d'un auteur livrant, et même à moins de frais,
S'il vient un acquéreur, ou ses vers ou sa prose.

CERVANTES.

Comme il est des marchands filoutant sur la dose,
Fraudant sur la mesure et volant sur le poids,
Des avocats touchant des deux mains à la fois,
Des procureurs forbans, des intendants corsaires
Mais que me font, à moi, les plumes mercenaires,
A moi, de l'écrivain gardant la dignité ?
Au fruit intact et sain, que fait le fruit gâté ?
Que chacun, — c'est assez, — pour soi-même réponde !
Quoi ! si Dieu me dota d'une veine féconde,
J'en irais, pour autrui, faire un obscur trafic !
Je me transformerais en écrivain public,
Faisant à juste prix, tant par vers, tant par ligne,
Lettres ou compliments qu'on lui paie et qu'on signe !
Je ne livre pas plus, de la sorte, au passant,
L'enfant de mon esprit que l'enfant de mon sang.
L'œuvre par moi vendue ainsi qu'une étrangère,
Crierait sous l'autre nom, en réclamant son père !
A moi seul mon enfant et l'œuvre de mon art !
Ce sacrifice enfin est le seul, de ma part,
Auquel l'amitié même aurait tort de prétendre.
Ce qu'on ne donne pas, peut-on jamais le vendre ?

LE MARQUIS.

Tous ces beaux sentiments auxquels, moi, j'applaudis,
Ils sont très-loin, Monsieur, de vous être interdits ;
Mais aux vains mouvements d'un point d'honneur futile,
Vous feriez mieux, je crois, de préférer l'utile.
Plutus, — et maintenant je n'en suis pas surpris, —
Ne vous a pas rangé parmi ses favoris.
De votre logement l'aspect me ferait craindre...

CERVANTES.

Quand je ne me plains pas, nul n'a droit de me plaindre.
Gardez donc, Monseigneur, gardez votre pitié ;

Point d'aumône à celui qui n'a pas mendié.
Si, — pourquoi le cacher ? — si je ne suis pas riche,
Si le sort, favorable à l'aigrefin qui triche,
Au fripon, de sa honte et de son or paré,
D'un regard bienveillant ne m'a pas honoré,
Plutôt que d'avoir part à leur ignominie,
Je te prends pour refuge, ô pauvreté bénie !
Les mets les plus exquis sont bien loin de valoir,
Si l'opprobre s'y mêle, un morceau de pain noir.
Non, non, la pauvreté n'est ni honte ni faute :
Elle peut avec moi marcher la tête haute ;
Car on m'a toujours vu suivre les droits chemins ;
Ma conscience est pure et nettes sont mes mains !

LE MARQUIS.

Eh ! si l'on écoutait certain bruit qui circule...

CERVANTES.

Achevez !...

LE MARQUIS.

Tant s'en faut qu'il me trouve crédule.
Je ne sais... à Séville... oui...

CERVANTES.

J'ai trop bien compris ;
Et je voudrais en vain m'en tenir au mépris.
Un reçu qu'a soustrait une fatale chance ;
D'un employé vénal payant la complaisance,
Un fripon qui sur moi veut faire ainsi planer
Les soupçons flétrissants qu'il cherche à détourner ;
Voilà dans son vrai jour la question posée.
Eh bien ! quand, Monseigneur, ce serait chose aisée
D'étouffer cette affaire, et quand par devers moi
J'en aurais les moyens, l'honneur me fait la loi
De ne rien demander qu'à la seule justice ;
Il n'est pas d'intérêt que le droit n'agrandisse !
Enfin l'on m'entendra. Hautement je le dis,
Fût-ce pour un réal, pour un maravédis,
Il me faut une enquête, il me la faut entière ;
Le coupable tremblant redoute la lumière ;
Mais pour qui voit à faux noircir sa probité,
Le soleil rayonnant n'a pas trop de clarté !

LE MARQUIS.

Agissez donc, Monsieur ; de grand cœur je souhaite
Qu'au gré de vos désirs cette enquête soit faite ;
Mais je vous le répète, et c'est pour votre bien,
Avec tant de raideur l'on ne parvient à rien ;
Le monde rarement goûte ce ton farouche.
Serviteur !

(Il sort.)

SCÈNE IX.

CERVANTES, puis JOSÉFA.

CERVANTES.

Ah ! quels mots a prononcés sa bouche !
O comble de tourment ! Quoi ! cet indigne bruit,
A mes pas attaché, sans cesse me poursuit !
Dans mon cœur indigné je puise de la force.
Avec tout droit, pourtant, l'on n'a pas fait divorce !

(Appelant.)

Joséfa ! — Livrons donc un assaut décisif,
Et que j'arrache au moins quelque mot positif.

(A Joséfa qui entre.)

Je dois, ma chère enfant, me rendre au ministère.
Je sors.

JOSÉFA.

Au nom du ciel, veuillez ne me rien faire.
Vous avez, je le vois, quelque nouveau sujet...

CERVANTES. En parlant, il prend son chapeau, son manteau et ses
papiers. — Avec une demi-gaieté forcée.

Aucun. Si toute affaire ici-bas s'arrangeait
Sans peine et sans ennuis, ce serait trop commode.
Pendant ce temps, ma fille, occupe-toi... lis... brode,
De tes doigts délicats, quelques riants atours,
Afin de te parer, viennent de meilleurs jours ;
Et ces jours-là viendront, ayons-en l'espérance...

(L'embrassant par deux fois.)

Au revoir ; au revoir !...   (Il sort.)

SCÈNE X.

JOSÉFA, seule.

Ah! malgré l'assurance
Qu'il cherche à me donner, je vois trop sur ses traits,
Dans ses yeux!... Pauvre père! oh! combien je voudrais,
Lorsqu'à lutter ainsi son courage s'exerce,
Opposer, pour ma part, à la fortune adverse
Un travail de mes mains, si modeste qu'il fût!
Dieu bénit les efforts tournés vers un tel but.
Pour la femme elle-même il est des industries.
Le paternel orgueil vante mes broderies...
Pour en tirer parti, secondant mon dessein,
Peut-être que les sœurs de ce couvent voisin
Daigneront... Bonne idée!... oui... le plus tôt possible...
(Elle réfléchit en examinant une broderie qu'elle a prise dans la table à droite.)

SCÈNE XI.

LA COMTESSE, JOSÉFA.

LA COMTESSE, à part.
En pénétrant ici, Dieu! quel trouble indicible!
J'ai vu sortir son père... elle est seule... et je puis...
(S'avançant. — Haut.)
Mademoiselle.... un mot....
(Elle s'est d'abord appuyée sur le fauteuil qui est près de la table de
gauche, puis elle s'y assied.)
JOSÉFA.
Madame... Eh! mais, j'y suis;
C'est bien vous que je vis, hier, dans le saint temple.
LA COMTESSE.
De si fervents élans vous offriez l'exemple
Que, dans un vœu pieux, formé de mon côté,
Avec vous je m'unis, mystique intimité,
Pensant que, pour monter aux voûtes éternelles,
Ma prière à la vôtre emprunterait ses ailes.
JOSÉFA.
Ma ferveur est, Madame, aisée à concevoir:
Je priais pour mon père.
LA COMTESSE.
Ah!... — J'avais à le voir.
(Elle se lève.)
JOSÉFA.
Il vient, dans ce moment, de sortir.
LA COMTESSE, feignant la contrariété.
Sort contraire!
L'attendez-vous bientôt?...
JOSÉFA.
Je ne sais... une affaire
Peut....
LA COMTESSE.
Triste isolement dont pour vous j'ai souci;
Quoi! votre père absent, restez-vous seule ici?
N'est-il auprès de vous aucune autre personne?...
Une... mère?...
JOSÉFA, émue et embarrassée.
Madame....
LA COMTESSE.
Oh! pardon; je soupçonne
Que par un intérêt, certes, bien naturel,
J'ai remué chez vous quelque penser cruel,
Auquel votre âme encor ne s'est pas résignée.
Je comprends.... votre mère.... est de vous éloignée?
JOSÉFA.
Ma mère?... Elle n'est plus.
LA COMTESSE, consternée.
Morte?
JOSÉFA.
Oh! oui.... je le crois.
LA COMTESSE, reprenant espérance.
Vous n'en êtes pas sûre?
JOSÉFA.
En vain je veux parfois,
Absente, l'entrevoir à travers la nuit sombre;

Mais tout me dit, hélas! que je poursuis une ombre,
Que la mort en naissant a dû me l'enlever.
LA COMTESSE.
Est-il un témoignage, enfin, pour le prouver?
JOSÉFA.
Oui.
LA COMTESSE.
Lequel?
JOSÉFA.
Croyez-vous, Madame, que ma mère
Au sort de son enfant demeurât étrangère,
Qu'elle m'abandonnât de la sorte au hasard?
Est-ce possible?
LA COMTESSE.
Il faut peut-être avoir égard....
JOSÉFA.
Ah! c'est vous-même ici que j'en veux faire arbitre.
Madame, êtes-vous mère?
LA COMTESSE.
Hélas! de ce doux titre
Je n'ai pas le bonheur de m'entendre nommer.
JOSÉFA.
Alors....
LA COMTESSE.
Et rien n'a pu jamais vous informer
Si celle qui vous fut dès le berceau ravie....
C'est un mystère étrange au fond de votre vie.
JOSÉFA.
Que cet épais rideau soit ou non un linceul,
Le secret de mon père appartient à lui seul.
Un jour, — c'est du plus loin, je crois, qu'il me souvienne, —
Avec leur mère, — hélas! chacun avait la sienne, —
Je vis d'autres enfants qui s'ébattaient joyeux;
Mon esprit s'éveilla, pensif et curieux;
Et je dis, enviant cette heureuse volée:
« Ma mère, à moi, cher père... où donc est-elle allée? »
Il ne répondit pas, son regard se baissa;
Il me prit sur son cœur, longtemps il m'y pressa,
Et m'embrassa deux fois, — ô tendresse puissante! —
Une fois pour lui-même, une fois pour l'absente.
LA COMTESSE, vivement émue.
Poursuivez.
JOSÉFA.
Quand mon père eut quitté les drapeaux
Pour de nouveaux labeurs et non pour le repos,
A de fidèles mains par qui j'étais gardée,
Mission qu'à regret il leur avait cédée,
Il vint me réclamer, et, depuis ce temps-là,
Auprès de lui ma vie assidûment coula.
Je sentis à la fois, par un tel maître instruite,
Mon âme avec mon corps grandir sous sa conduite;
J'appris à l'admirer aussi bien qu'à l'aimer,
Et sur lui de mon mieux tâchai de me former.
Bien qu'il trouve en ce monde une si rude arène,
Je vois sa fermeté toujours calme et sereine;
Sa tendresse, à mes yeux se cache pour souffrir.
Si, dans certains moments, il se laisse assombrir,
C'est que pour moi tout bas, ô bon père, il regrette
Le charme d'un plaisir ou bien d'une toilette;
C'est que la perle et l'or lui plairaient sur mon front.
Quand de ce vain éclat d'autres s'embelliront,
J'ai ma parure aussi, qui jamais n'est ternie,
Le pur rayonnement que verse son génie;
Dans cet état modeste où le sort nous a mis,
C'est à moi que l'orgueil serait plutôt permis.
Pour tant de maux soufferts, oh! le ciel, en échange,
A ses côtés, Madame, aurait dû mettre un ange:
Je ne suis que sa fille... — Ah! cette tâche, au moins,
Où je voue à mon père et mon zèle et mes soins,
Me semble la plus douce entre les lois divines;
Heureuse, en son chemin, d'ôter quelques épines,
D'adoucir un chagrin, d'alléger un ennui,
Et de le voir sourire et de prier pour lui!
LA COMTESSE.
Ah! cet ange appelé, dont la voix dit: Espère!

Ce doux consolateur, c'est vous !
JOSÉFA.
Voici mon père.

SCÈNE XII.

JOSÉFA, CERVANTES, LA COMTESSE.

JOSÉFA.
Mon père, vous savez... je vous ai raconté
Qu'à l'église, une dame, hier, à mon côté...
C'est elle...
CERVANTES, s'avançant vers la comtesse.
Excusez-moi, Madame, je vous prie,
Si, trop préoccupé...
LA COMTESSE, cherchant un moyen de sortir.
Que votre seigneurie
Me pardonne à son tour... je viens mal à propos...
CERVANTES.
Dieu! ces traits... cette voix que de lointains échos...
Ce n'est pas une erreur!...
JOSÉFA.
Elle m'a paru prendre
A moi, pour toute chose, un intérêt si tendre...
CERVANTES, à Joséfa.
Laisse-nous... laisse-nous...
(Joséfa sort interdite et inquiète.)

SCÈNE XIII.

CERVANTES, LA COMTESSE.

CERVANTES, à part.
O Joséfa, faut-il
Que pour toi, mon enfant, je redoute un péril!
LA COMTESSE.
C'est elle! c'est ma fille!...
CERVANTES.
Elle?... non, non, Madame!
LA COMTESSE.
Ah! j'en crois cet appel qui vibre dans mon âme:
Je suis sa mère!
CERVANTES.
En vous ce nom perd son pouvoir.
Le droit n'existe plus où faillit le devoir.
LA COMTESSE.
Ce droit ne périt pas.
CERVANTES.
O jeu des destinées,
Qui nous met en présence après dix-sept années!
Souvenir à la fois trop doux et trop amer!
A Lisbonne, autrefois, dans ses quartiers d'hiver,
Un soldat fut aimé, — du moins il put le croire. —
Dans un noble salon il racontait l'histoire
Des hauts faits dans lesquels il eut son humble part.
Souvent on s'étonna qu'il fût déjà si tard,
Le soir, quand des captifs il peignait la souffrance,
Alger, le bagne sombre où s'éteint l'espérance...
LA COMTESSE.
A quoi bon rappeler un fol enivrement?
CERVANTES.
Ce soldat insensé qui croyait au serment,
A ces mots : « Je serai ta femme, ta compagne! »
Un jour, quand, revenu d'une rude campagne,
Palpitant de bonheur, et de crainte agité,
Il courut vers le toit si souvent visité,
Plus rien que le silence et que la solitude!
Devinant à demi, dans son inquiétude,
Il s'informe : un vaisseau, sur l'Océan muet,
Avait de ce départ emporté le secret;
Mais un petit enfant, délaissé par sa mère,
Pleurait, gage innocent, aux mains d'une étrangère.
LA COMTESSE.
Oh! ce ne fut pas moi'... Ne voyant qu'un seul but,
Une autre volonté...
CERVANTES.
Cette femme mourut

Bientôt après. L'enfant demeurait sans asile.
Le soldat, dont la tâche était bien difficile,
Prit sa fille en ses bras, l'emporta triomphant;
Il trouva, pour veiller sur cette frêle enfant,
Une amie au cœur d'or, en sa sphère modeste;
Et plus tard, de son mieux, lui-même il fit le
Bref, Joséfa devint ce que vous la voyez,
Un de ces anges purs par le ciel envoyés,
Une fleur qui sourit, un rayon qui console.
Répondez-moi, Madame, ai-je tenu parole,
En jurant par ma foi de père et de chrétien,
Que d'un bien si sacré je serais bon gardien?
LA COMTESSE.
Ce dévouement, Monsieur, croyez que je l'admire;
Mais de la vérité reconnaissez l'empire.
Quelques moments au moins je veux me reposer
D'un rôle où mon courage est près de s'épuiser.
A ce berceau chéri quand je fus arrachée,
Si vous m'aviez pu voir, sur ma fille penchée!
Je l'inondais de pleurs, je voulais l'emporter.
Avec moi! Je l'aimais... et je dus la quitter!
Ma mère... — de son but que Dieu lui tienne compte! —
Aux yeux du monde, hélas! voulut cacher ma honte.
J'ai souffert, bien souffert pendant ces dix-sept ans.
O richesse! ô grandeurs ! ô dehors éclatants,
Que vous couvrez parfois d'amertume cachée!
Un hymen imposé me tenait attachée
Dans ces pays lointains, où je n'eus bientôt plus
Que Dieu pour confident de mes vœux superflus.
Oh! sur un tel penser quand l'âme se replie,
On peut bien s'étourdir, mais jamais on n'oublie,
Et je m'étourdissais. A défaut de l'amour,
Ce germe pur, en moi desséché sans retour,
L'ardente ambition s'empara de mon être.
Les rêves qu'à mes yeux je voyais apparaître
Demandaient des chemins plus largement ouverts.
Veuve et libre, aussitôt je repassai les mers.
Le marquis tout à point s'offrit sur mon passage ;
Mais j'avais, de l'Espagne en touchant le rivage,
Retrouvé du passé l'implacable remord.
De cette pauvre enfant pour découvrir le sort,
A ne rien négliger j'étais déterminée.
Par un coup du hasard, sur ma route amenée,
Avec vous que d'abord, Monsieur, je reconnus,
Elle se rencontra : si longtemps contenus,
Les sentiments innés de l'amour maternelle,
A sa trace attachés, m'ont guidée auprès d'elle;
Mais la voix de mon cœur avait beau me presser :
Hélas ! en la voyant, je n'ai pu l'embrasser!
CERVANTES.
Faut-il donc vous en plaindre? et de cette entrevue,
Pouviez-vous espérer, Madame, une autre issue?
Le passé pour jamais n'est-il pas aboli?
Ce fol enivrement...
LA COMTESSE.
Que doit couvrir l'oubli!
CERVANTES.
Alors, que voulez-vous?
LA COMTESSE.
En secret voir ma fille.
CERVANTES.
Votre place n'est pas dans mon humble famille.
LA COMTESSE.
N'importe.
CERVANTES.
Malgré moi?...
LA COMTESSE.
Malgré le monde entier!
(Changeant de ton.)
Non... Je m'abaisserai, Monsieur, jusqu'à prier.
J'ai trop bien mérité d'être par vous haïe.
CERVANTES.
Je puis vous pardonner ma foi jadis trahie;
Mais près de Joséfa mon regard assidu

Veille, et mon cher trésor serait bien défendu.

LA COMTESSE.

Mon Dieu!...

SCÈNE XIV.

LES MÊMES, MIRALÈS *.

MIRALÈS.

Suis-je importun?...

LA COMTESSE, à part.

Quelqu'un!...

(Haut, à Cervantes, composant son ton et son visage.)
Je me retire,
Car je n'avais, Monsieur, rien de plus à vous dire.

MIRALÈS, voulant se retirer.

Pardon!

CERVANTES.

Non... demeurez.

LA COMTESSE, à Cervantes, à demi voix.

Quoi que j'aie à cacher,
Rien de la voir encor ne saurait m'empêcher!

(Elle sort.)

SCÈNE XV.

JOSÉFA, CERVANTES, MIRALÈS.

JOSÉFA, sans voir d'abord Miralès, à son père.

Vous êtes seul?...

CERVANTES, l'entourant de ses bras, avec une tendresse convulsive.

Viens! viens! A cette amour profonde,
Sur laquelle ici-bas tout mon bonheur se fonde,
Tu crois bien, n'est-ce pas?...

JOSÉFA, étonnée et presque effrayée.

Si j'y crois?... comme à Dieu!

MIRALÈS.

Puis-je me réjouir? Parlez... selon mon vœu,
Ce seigneur apportait un propice message,
N'est-ce pas?

CERVANTES.

Renoncez à cet heureux présage.
Les bureaux, cette fois, m'ont tout net repoussé.
Un mot d'ordre nouveau, qui m'avait devancé!
Mais ce n'est plus ni d'eux, ni du ministre même,
C'est du roi, seul recours, du roi, juge suprême,
Que ce droit qu'on repousse attend tout désormais.
J'irai sur son passage, aux portes du palais,
Ma supplique à la main, demandant qu'il m'entende.
Des huissiers, des valets, j'affronterai la bande.
Le mal qui se commet, c'est à l'insu du roi!
Oui, dans son équité, dans sa bonté j'ai foi.
Arrivant jusqu'à lui, qu'une voix l'avertisse,
Il n'en faudra pas plus; non, non, car la justice,
Quand le royal pouvoir naquit sur notre sol,
Fut sa première dette envers tout Espagnol!

MIRALÈS.

Oui, certes!

CERVANTES, à Joséfa.

Mais faut-il que seule je te laisse?
Sans qu'un nouveau péril à mes yeux apparaisse,
Comment un seul instant pourrais-je te quitter?

JOSÉFA.

Eh! pour moi donc ici qu'est-il à redouter?
Cette appréhension jamais ne vous arrête.

CERVANTES.

Tu m'accompagneras.

JOSÉFA.

Oh! j'y suis toute prête.
Si pour vous le chemin refuse de s'ouvrir,
J'ai mon cœur pour prier, mes pleurs pour attendrir;
Et dût-on à mon tour me rebuter, qu'importe!
En luttant pour son père, une fille est bien forte.

CERVANTES.

Joséfa! noble enfant!

MIRALÈS.

Seigneur, en mon cerveau,
Pour vous aider aussi, germe un moyen nouveau.
J'ai là mes compagnons. En tribune éloquente
Transformant tous les lieux que la foule fréquente,
Un *Don Quichotte* en main, nous nous y répandons.
Ce livre, où du génie éclatent tous les dons,
En plaisant aux esprits que la science éclaire,
Ne sait pas moins toucher la fibre populaire.
Des endroits les plus beaux quand, chaleureux lecteurs,
Nous aurons entraîné, ravi nos auditeurs :
« O peuple ingénieux, illustres Madrilènes, »
Dirons-nous, « citoyens de la nouvelle Athènes,
« Pour les œuvres de l'art, vous, connaisseurs si fins,
« Celui qui vous donna ces passe-temps divins,
« A mille iniquités sachez qu'il est en butte!
« Au lieu du simple droit qu'un commis lui dispute,
« Les honneurs les plus grands ne lui sont-ils pas dus? »
Croyez que ces discours ne seront pas perdus.
Lancée à tout hasard dans le sillon immense,
Soudain fructifiera la féconde semence,
Et mille cris divers, en se réunissant,
Deviendront du public le cri vaste et puissant.

JOSÉFA.

Le merveilleux projet!

CERVANTES.

Votre imaginative,
Avec son bon vouloir, court beaucoup trop active.
C'est agir, mon ami, comme un vrai casse-cou.
Don Quichotte en personne était, je crois, moins fou!

MIRALÈS.

Heureux, en plus d'un point, si j'offrais son image!
Don Quichotte, l'honneur, la vertu, le courage!
Dans sa tête, il est vrai, la raison fait défaut;
Mais, tout considéré, j'estime que mieux vaut,
De la justice ainsi nous faisant les apôtres,
Être fous comme lui que sages comme d'autres!

(Il se dirige vivement vers la porte du fond, tandis que Cervantes va vers la
table où sont ses papiers, et que Joséfa prend sa mantille dans la chambre
à côté, pour sortir avec lui.)

ACTE TROISIÈME

Une salle ou galerie ouverte du palais du roi, laissant apercevoir le jardin que
cette galerie domine; à droite, une fenêtre donnant sur la place du palais; à
gauche, l'entrée des appartements intérieurs; à droite, un fauteuil et une table;
à gauche, un fauteuil.

SCÈNE PREMIÈRE.

UN OFFICIER, DEUX HUISSIERS DU PALAIS,
PLUSIEURS SOLLICITEURS.

(Au lever du rideau, les solliciteurs, au fond, remettent des placets aux deux
huissiers, avec force recommandations et courbettes, que les huissiers reçoi-
vent d'un air d'importance. L'officier finit par faire sortir les solliciteurs, par
le fond à gauche, et se retire aussi. Tout cela sur une musique d'orchestre.)

PREMIER HUISSIER, tenant plusieurs pétitions.

Il ne faut pas nous plaindre, et, depuis ce matin,
Voyez, nous n'avons pas fait un mauvais butin.
Quel paquet!...

DEUXIÈME HUISSIER, montrant aussi les placets dont il a les mains
pleines.

Il est vrai que la journée est bonne.

PREMIER HUISSIER.

Oui, très-abondamment la pétition donne.

DEUXIÈME HUISSIER.

Et cette ample moisson est là pour indiquer
Que le solliciteur n'est pas près de manquer.

PREMIER HUISSIER.

Heureusement pour nous! Le poste, cher collègue,
A plus d'un agrément. C'est à nous qu'on délègue
Le soin de recevoir, sur cet auguste seuil,

Ces placets, — presque tous voués au même accueil, —
Afin qu'à qui de droit notre main les transmette.
A nous donc appartient la première courbette;
Nous sommes du pouvoir le premier échelon.

DEUXIÈME HUISSIER.

Nous sommes un rayon du soleil; et, selon
Que sévère ou riant paraît notre visage,
Plus d'un solliciteur y croit voir un présage,
Un augure, un reflet, qu'il est prompt à saisir;
Et cela nous grandit... et cela fait plaisir.

PREMIER HUISSIER.

Outre qu'au bout de l'an, toutes ces paperasses,
Héritage envié par les souris voraces,
Et qu'après un coup d'œil on veut bien nous laisser,
Forment certain profit très-bon à ramasser.
C'est, pour les vendre au poids, d'excellente défaite :
De bon papier bien fort, de qualité parfaite.
O suppliants appels, ô style agenouillé,
Espoirs, vœux, rêves d'or d'un songeur éveillé,
Titres si bien fondés, recours aux dieux propices,
Allez, allez, de l'Inde habiller les épices;
Voilà, pauvres placets, quel est votre avenir;
Ou bien, si dans vos plis vous devez contenir
La feuille américaine à la vapeur aimée,
Comme elle dans les airs perdez-vous en fumée!

DEUXIÈME HUISSIER.

Fumée est bien le mot, avec ces procédés.

SCÈNE II.

LES MÊMES, LA COMTESSE, LE MARQUIS.

(Ils viennent des appartements intérieurs.)

LE MARQUIS.

Vainement, cette fois, vous vous en défendez ;
Oui, depuis ce matin, un penser qu'on me cache,
Je le vois trop, comtesse, à votre esprit s'attache.
Peu s'en faut, tout de bon, que je ne sois jaloux.

LA COMTESSE.

Défaut très-malheureux chez un futur époux !

LE MARQUIS.

De son mieux, cependant, mon amour se révèle...
Voyons, demandez-m'en quelque preuve nouvelle,
Hors les astres du ciel, que tout mon bon vouloir
Ne saurait vous donner, à mon grand désespoir.

LA COMTESSE.

Aussi, je suis loin d'être à ce point exigeante.
Mais peut-être qu'ici, pour une affaire urgente,
Témoin tous ces papiers, vous étiez attendu?

LE MARQUIS.

Pour un moment de plus, rien ne sera perdu.
C'est des pétitions le déluge ordinaire.

(Au premier huissier.)

Donnez. — Pétition et pétionnaire,
Fléau que le pouvoir ne saurait éviter!
A mon avis, le roi daigne s'en rapporter.
Certe, il ne pouvait mieux placer sa confiance.

(Ouvrant des placets.)

Voyons, puisqu'il le faut. Demande d'audience...
Et pour Sa Majesté!... Le signataire?... Quoi!
Cervantes!...

LA COMTESSE, à part.

Que dit-il?...

LE MARQUIS, à part.

Quant à lui, sur ma foi.....

(Haut.)

Voilà pourtant à quoi notre temps se consume!

(Aux huissiers.)

Là, dans mon cabinet, que, selon la coutume,
Tout ceci soit remis.

PREMIER HUISSIER, à part.

Oui, pour nous revenir.

(Les deux huissiers s'inclinent et sortent par la gauche.)

SCÈNE III.

LA COMTESSE, LE MARQUIS.

LE MARQUIS.

Voyons : pour cette fois, quand verrai-je finir,
Comtesse, cette attente à mes vœux trop sévère?
Votre cœur a voulu les honneurs de la guerre;
Ces honneurs lui sont dus, et je vous les promets.
Votre rang à la cour est fixé désormais.
Au sein de ce palais, sur cette noble scène,
Votre place est acquise auprès de notre reine.
Mon crédit n'a pas nui, franchement, à vos droits.
Chambellan, camériste, avec ces deux emplois,
Des vieux routiers de cour croyez-en les maximes,
Nous tiendrons le pouvoir par les côtés intimes,
Les liens d'habitude, — et ce sont les meilleurs.
Notre double influence, — honorable, d'ailleurs
Verra petits et grands invoquer son égide.

LA COMTESSE, à part.

Oh! mon rêve exaucé!

LE MARQUIS.

Dans sa vertu rigide,
La reine a le regard perçant et scrutateur;
Son choix, quand on l'obtient, n'en est que plus flatteur.
Mais naguère une dame, — et très-bien appuyée,
Qui s'était, autrefois, tant soit peu... fourvoyée,
Pour cet unique tort, sans merci ni quartier,
Par ordre souverain se vit congédier.
Un fâcheux accident, histoire singulière,
Avait sur le passé fait jaillir la lumière;
Le galant oublié qui soudain surgissant...

LA COMTESSE, mal à l'aise.

Monsieur...

LE MARQUIS.

Votre beau front, comtesse, en rougissant,
Me montre clairement à quel point tout scandale,
Tout acte, quel qu'il soit, dont se plaint la morale,
Vous froisse, vous révolte, et je m'en réjouis.
Les noirs crêpes du deuil se sont évanouis :
Fixons-nous à trois jours l'heureux terme où j'aspire?
Eh bien?...

LA COMTESSE.

Sur moi déjà vous prenez un empire...

LE MARQUIS.

Qui vous donne un sujet, un esclave! — C'est dit?
Dans trois jours?

LA COMTESSE.

Puisqu'il faut, sans trêve ni répit,
Céder...

LE MARQUIS.

O mot heureux pour ma vive tendresse!

(Ici paraissent de nombreux courtisans, venant par le fond à gauche.)

LA COMTESSE.

Mais de tous ces seigneurs la foule qui s'empresse,
Annonce que le roi par ici va passer.

LE MARQUIS.

Aucun, auprès de lui, ne doit me devancer.

LA COMTESSE.

Près de la reine aussi mon devoir me réclame.

LE MARQUIS.

Le jour est donc fixé qui couronne ma flamme!
Demain toute la cour en recevra l'avis.

*(Il présente la main à la comtesse, et la conduit jusqu'à la porte des apparte-
ments : les seigneurs la saluent.)*

SCÈNE IV.

LE MARQUIS, DON ALONZE, ET AUTRES SEIGNEURS, L'OFFICIER; HALLEBARDIERS qui se rangent au fond.

DON ALONZE, continuant avec un autre seigneur une conversation commencée.

Monsieur, si mes conseils avaient été suivis...

LE MARQUIS.

Et qu'est-ce donc?...

DON ALONZE.

D'après un courrier de Bruxelles,
Les Gueux des Pays-Bas, ces bandits, ces rebelles,
Aussi haut que jamais portent leur étendard.
Guillaume de Nassau, qu'en vain frappa Gérard,
Sous les traits de son fils est sorti de la tombe.
De ce serpent maudit chaque tête qui tombe
Renaît insolemment sous le fer et le feu.
On n'y conçoit plus rien!

LE MARQUIS.

C'est long, j'en fais l'aveu.
Voilà trente ans au moins que cette guerre dure,
Et la rébellion a la vie un peu dure.

DON ALONZE.

Ah! depuis bien longtemps, si l'on m'eût écouté,
On en aurait fini.

LE MARQUIS.

Voici Sa Majesté.

(Tous se rangent avec empressement sur les côtés et au fond.)

SCÈNE V.

LES MÊMES, LE ROI PHILIPPE III, DON RAMON,
PAGES qui précèdent le roi. Tous s'inclinent profondément sur le passage du roi.

LE ROI, à don Ramon qui l'accompagne.

Nous venons, en conseil, de régler cette affaire,
Monsieur, et des pouvoirs que ma main lui confère,
Croyez bien qu'au besoin le duc se servirait;
Que le crime, un seul jour, n'attendrait pas l'arrêt.

DON RAMON.

Oui, sachant bien qu'ici Dieu lui-même est en cause,
Monsieur le duc de Lerme...

LE ROI.

En lui je me repose,
Et toujours avec vous croyez qu'il s'entendra;
Jusqu'à l'expulsion, s'il le faut, l'on ira.
Sans doute un vieux levain survit chez le Morisque...

(Avec un ton plus doux.)

Pourtant à remuer je doute qu'il se risque,
Et peut-être l'Espagne aurait peu de profits...

DON RAMON.

Du roi Philippe deux, sire, vous êtes fils.
L'exemple de ce prince, immortel dans l'histoire...

LE ROI.

De mon pieux respect j'entoure sa mémoire.
Dans l'art de commander il eut peu de rivaux;
Et de l'Escurial les funèbres caveaux
M'ont vu plus d'une fois, courbé dans la poussière,
Frissonner et pâlir devant son ombre altière,
Quand je lui demandais de venir me guider.
Ah! c'est un poids bien lourd que de lui succéder!

(Il s'assied à droite.)

DON RAMON.

Cette puissante main avait été choisie
Pour être le marteau terrible à l'hérésie.
Du glaive à deux tranchants par Dieu même muni,
Votre père était craint.

LE ROI.

Mais était-il béni!

DON RAMON.

Il vous fit héritier de son pouvoir sans borne.

LE ROI.

Le pouvoir bannit-il cet ennui triste et morne
Qui de son froid manteau me vient envelopper?...

DON ALONZE.

Cet ennui, l'on pourra, sire, le dissiper...
Il est des passe-temps... Tenez, si l'on vous donne
Un bel auto-da-fé?...

LE ROI.

Toujours!... c'est monotone.

DON ALONZE.

Monsieur le chambellan peut-être a ce qu'il faut
Pour vous amuser, sire.

LE MARQUIS.

Ah! loin d'être en défaut,
Mon zèle...

LE ROI.

Il m'est connu, je l'ai mis à l'épreuve.

LE MARQUIS.

Un combat de taureaux?...

LE ROI.

Idée assez peu neuve.

LE MARQUIS.

La chasse est un plaisir...

LE ROI.

Que j'ai pris bien souvent.

(Se levant.)

Il en est un plutôt, auquel je vais rêvant
Quelquefois, en secret, et qui me fait envie
Au sein de ces grandeurs où se traine ma vie!

LE MARQUIS.

Quoi! sire! un vœu par vous serait en vain formé?

LE ROI.

Oui, ce vœu dans mon cœur doit être comprimé.

LE MARQUIS.

Se peut-il! vous si grand qu'en mesurant la terre,
Vous pouvez contempler l'un et l'autre hémisphère,
Sans voir sur vos Etats le soleil se coucher!

LE ROI.

Oh! ce n'est pas bien loin que j'aurais à chercher.
Dans mes esprits lassés quand cet ennui pénètre,
Que de fois regardant là, par cette fenêtre,
Le spectacle mouvant qui s'offrait à mes yeux,
J'ai dit : Heureux cet homme à l'air insoucieux,
Qui passe en colportant son humble marchandise,
Et qui s'endort sans soins comme sans convoitise;
Ce chanteur populaire, avec son gai refrain,
Que je me plais à suivre, en mon vague chagrin,
Parmi les bruits divers que le dehors m'envoie!
Heureux cet écolier, si facile à la joie,
Ce pauvre Galicien avec ses outres d'eau,
Lui qui n'a près de moi, qu'un bien léger fardeau...
Ce paisible ouvrier regagnant sa demeure,
Et tous ces gens enfin, — voyez... — comme à cette heure,

(Il s'est approché de la fenêtre à droite.)

Allant, venant, causant, soit qu'ils prennent le frais,
Ou qu'aux feux du soleil ils se chauffent! — Eh! mais,
Par saint Jacque, en voilà qui, réunis en groupe,
Forment, tout vis-à-vis, une joyeuse troupe.
Quels bienheureux éclats! quel rire épanoui!
Regardez, chambellan... par là... voyez-vous?...

LE MARQUIS.

Oui,
Sire.

LE ROI.

Au milieu d'eux, vive et franche figure,
Un jeune homme se tient, leur faisant la lecture,
Un volume à la main, et d'un geste animé,
Commentant chaque trait à son public charmé.
Maintenant, en bravos éclate l'auditoire.
L'auteur et l'interprète ont là double victoire.

(Au marquis.)

Je serais curieux... Faites-moi, sur-le-champ,
Amener ce jeune homme.

LE MARQUIS, s'inclinant.

Oui, sire.

(Le marquis donne un ordre à l'officier, qui sort.)

LE ROI.

En la touchant
Avec un tel bonheur, cette fibre du rire,
Il m'a montré le bien auquel mon âme aspire,
La gaité, dont l'éclair me luit si rarement.
Car vous n'êtes pas gais, soit dit sans compliment,
Messieurs...

LE MARQUIS.

Notre devoir, sire...

DON ALONZE.
    Et la bienséance!...

LE ROI, à lui-même sur le devant.
N'ose-t-on pas, pourtant, rire à la cour de France?
Sans braver l'étiquette, au moins, je veux savoir
Quel livre a sur la foule un si joyeux pouvoir,
Pour qu'à mon propre mal ce remède s'applique.
Peut-être j'aurai là trouvé mon spécifique;
Ce sera du piquant et de l'inattendu;
Au souverain, je pense, il n'est pas défendu,
Ce plaisir que chacun savourait à la ronde;
Je suis bien en ceci l'égal de tout le monde.
Par leur auguste rang, les rois sont-ils exclus
De ces vulgaires biens à l'homme dévolus,
De l'eau qui désaltère et du feu qui ranime?..

SCÈNE VI.

LES MÊMES, MIRALÈS.

MIRALÈS, entrant par le fond à droite, avec l'officier qui le conduit.
Je ne crois pas, Monsieur, avoir commis de crime...
Pourquoi donc m'arrêter, et que veut-on de moi?
Où me conduisez-vous, enfin?

L'OFFICIER.
    Devant le roi.

MIRALÈS.
Comment! vous avez dit?...

DON RAMON.
    Devant le roi lui-même.

MIRALÈS.
Un simple étudiant? Moi?...

DON RAMON.
    C'est l'ordre suprême.
Approchez-vous.
(Il montre à Miralès le roi qui s'est assis à gauche.)

MIRALÈS.
    Le roi !

LE ROI.
    Jeune homme, à mon aspect,
Pourquoi donc te troubler?

MIRALÈS, comme cloué à sa place.
    Mais... sire... le respect...
L'honneur que... l'honneur qui... la crainte... la surprise !
(A part.)
Ah ! mon Dieu! si j'allais dire quelque sottise!

LE ROI.
Ce palais, je conçois, ne t'est pas familier.
De l'Université n'es-tu pas écolier?
Réponds.

MIRALÈS.
    En médecine, oui, sire, j'étudie.

LE ROI, au marquis.
Si jamais le docteur manque à la maladie !
(A Miralès.)
Et là, sur cette place... où, moi, je t'observais,
(Mouvement de Miralès.)
Oh! n'en vas redouter nul résultat mauvais...
Ton savoir préludait en séance publique;
Tu traitais, il paraît... l'humeur mélancolique?

MIRALÈS.
Quoi! Votre Majesté...

LE ROI.
    Pour combattre ce mal,
Tu sembles posséder un talent sans égal,
Un suprême ascendant dont je te félicite.
Quels rires! quels bravos!...

MIRALÈS.
    Sire, tout le mérite
En est, non pas à moi, mais au livre applaudi.
L'esprit le plus inculte et le plus engourdi
Pourrait-il résister...

LE ROI.
    Quel est donc cet ouvrage
Qui parlait à la foule un si joyeux langage ?

Quel est entre tes mains ce talisman heureux,
Ce flacon d'où jaillit un vin si généreux?

MIRALÈS, tirant un volume de sa poche.
Le voici, Majesté.

LE ROI, regardant.
    L'Hidalgo Don Quichotte...
(Il rend le livre.)
Ah! j'en ouïs parler. Un fou qui, pour marotte,
Prit la chevalerie, et s'en troubla le sens :
En butte avec son maître à des tours incessants,
Un paysan lourdaud, son écuyer grotesque.
Ce livre, tu vois bien que je le connais... presque.

MIRALÈS.
Si vous le connaissiez, sire, encor mieux!...

LE ROI.
        Quel est
Le chapitre qu'avec un succès si complet
Tu lisais tout à l'heure, et que dit-il, en somme?

MIRALÈS.
C'est l'épisode, sire, où Sancho, ce brave homme,
Voyant réaliser ses rêves de bonheur,
D'une île... en terre ferme!.. est nommé gouverneur.
Là, pour remplir sa charge, en triomphe il arrive.
De sa crédulité, de son humeur naïve,
Un grand seigneur, un duc a voulu s'amuser;
Mais de l'autorité sachant fort bien user,
Notre planteur d'oignons tout bonnement s'en tire
Mieux que tel gouverneur qui ne l'est pas pour rire.
Vers lui la vérité s'ouvre tous les chemins ;
Et sont-ils attrapés, ces messieurs les malins,
En voyant que sans eux et sans leur savoir-faire,
Le droit sens du bonhomme éclaircit chaque affaire!
Lui, qu'on croyait pétri d'un si grossier limon,
Il rend des jugements dignes de Salomon,
Il veut être à chacun un arbitre équitable,
Et tout voir par ses yeux.

LE MARQUIS.
    La ridicule fable!

MIRALÈS.
Aurais-je eu le malheur de parler de travers,
Sire?...

LE ROI.
Non, non, poursuis.

MIRALÈS.
    Parmi cent traits divers,
Il faut voir de Sancho la comique boutade,
Envoyant promener l'étiquette maussade
Qui ne lui permet pas, en ses liens serré,
D'aller, venir, dormir, manger, boire à son gré!

LE ROI.
Il fait bien !

MIRALÈS.
    Et surtout, son discours à son âne,
Quand, près de cet ami, qu'il baise sur le crâne,
Près de ce compagnon de ses paisibles jours,
Abdiquant des honneurs qui lui semblent trop lourds...

LE ROI.
Ah! pour lui le pouvoir cesse d'avoir des charmes?

MIRALÈS.
« Heureux, heureux, » dit-il en répandant des larmes,
« Le temps où, près de toi, pauvre âne que voici,
« Je vivais, des grandeurs ignorant le souci,
« N'ayant gouvernement ni gouvernés en tête... »

LE ROI.
Dans le fond, ce Sancho n'était pas une bête,
Et son raisonnement, digne d'être agréé...

MIRALÈS.
Mais l'éminent auteur dont l'esprit l'a créé,
Cervantes, ce génie...
(A part.)
    Oui, c'est Dieu qui m'inspire!
(Haut.)
L'honneur de votre règne, — oh! pardon, pardon, sire!
Pour tant de hardiesse .. — eh bien ! je l'ai laissé,
Dehors, devant la porte, où sans être lassé,

Il se tient, il attend depuis deux longues heures.
Autrefois, nous dit-on, les royales demeures
S'ouvraient, dans notre Espagne, au plus humble sujet.
De son sceptre puissant, le roi qui protégeait
Le bon droit, la faiblesse en son nom confiante,
Laissait venir à lui la plainte suppliante.
Craignant que sa demande au juge souverain
Ne soit pas parvenue en votre auguste main,
Cervantes, dont la foi, sire, en vous est si forte
N'a pas pu se résoudre à quitter cette porte.
Il espère un hasard dont il profitera,
Un chemin imprévu qui pour lui s'ouvrira,
Et fera prévaloir le droit qu'on lui dénie,
Le droit d'être entendu contre la calomnie !

LE MARQUIS, à part.

Peste soit !...

LE ROI.

C'est à vous, marquis, qu'a dû venir
La demande : avez-vous gardé le souvenir ?...

LE MARQUIS.

Il se peut que, parmi les suppliques sans nombre
Dont l'antichambre, sire, incessamment s'encombre,
Celle-là m'échappant...

LE ROI, se levant.

Allons ! il ne faut pas
Que vers moi sans succès il ait tendu les bras.
Qu'on l'introduise donc, ce suppliant tenace.

MIRALÈS, à part.

Victoire !

LE MARQUIS.

Le roi veut ?...

LE ROI.

Eh ! oui.

MIRALÈS, à part, montrant le marquis.

Quelle grimace !

LE MARQUIS, à part.

Mais c'est la fin du monde aujourd'hui !

(Le marquis donne bas un ordre à l'officier.)

LE ROI, à Miralès.

Ton état,
Au lieu de médecin, serait d'être avocat,
Tant tu mets à plaider une ardeur intrépide.

MIRALÈS.

Sire, lorsque l'on a la vérité pour guide,
Et que tant d'indulgence accueille l'orateur...

LE ROI, pensif, à lui-même.

C'est vrai... de ses sujets un prince est le tuteur ;
Et tout voir par ses yeux... c'est beau !... mais difficile,

(A Miralès.)

Tu peux te retirer à présent. Sois tranquille,
Je me ressouviendrai. — Ton nom ?...

MIRALÈS.

Juan Miralès.

LE ROI, au marquis.

Son nom, sa qualité, marquis, inscrivez-les.

(Il s'assied à gauche.)

LE MARQUIS, tâchant de cacher sa contrariété.

Oui, sire.

(A part.)

Ah ! bien plutôt, pour prix de son audace...

MIRALÈS, en sortant, à Cervantes, au moment où celui-ci paraît au fond,
à droite.

Bon espoir ! bon succès ! Vous voici dans la place !

(Il sort.)

SCÈNE VII.

DON RAMON, LE MARQUIS, LE ROI, CERVANTES,
JOSÉFA, DON ALONZE, SEIGNEURS, ETC.

CERVANTES, se jetant aux pieds du roi.

O mon maître !... ô mon roi !... j'embrasse vos genoux !

JOSÉFA, de même.

Justice pour mon père !... ô sire !... écoutez-nous !

CERVANTES.

L'astre heureux du salut à nos yeux enfin brille !

LE ROI.

Relevez-vous tous deux... et le père et la fille ;
C'est Dieu seul qu'à genoux il convient d'adorer.

CERVANTES, se relevant, ainsi que Joséfa.

Le bienfait que de vous, sire, j'ose implorer,
C'est que le jour, sur moi, sans nulle ombre se fasse ;
C'est que mes ennemis, me regardant en face,
Eux qui m'ont attaqué dans le premier des biens,
De me justifier me rendent les moyens.
Devant un souverain qu'un grand esprit anime,
Quel que soit l'opprimé, l'oppression est crime.
Mon sang sous les drapeaux, ne coula pas en vain,
— Car je fus soldat, sire, avant d'être écrivain ; —
Je ne regrette pas misères ni blessures,
Ni la captivité, ni ses longues tortures,
Si je vois exaucer mon légitime vœu,
Par un seul de ces mots qui vous coûtent si peu !

LE ROI, se levant, et prenant le mémoire que Cervantes lui présente.

Il suffit : nous verrons ce que vaut votre plainte ;
J'entends bien qu'aucun droit ne reçoive d'atteinte.
Laissez-moi ce mémoire, et soyez assuré
Que de mes propres yeux je l'examinerai.

CERVANTES.

A ce puissant recours, sire, je m'abandonne.

LE ROI, aux courtisans.

Pour être bien instruit, cette méthode est bonne,
N'est-il pas vrai, Messieurs ?

LE MARQUIS, avec contrainte.

Si le roi l'a pensé...

LE ROI, à Cervantes.

Vous avez, au surplus, un ami prononcé,
Ce jeune étudiant qui, plein d'un si beau zèle,
Montre, en parlant, le feu que son regard décèle.
Pour servir votre cause, ici comme au dehors,
Quels accents chaleureux ! quels entraînants efforts !
Il faut, bon gré, mal gré, qu'on soit son prosélyte !

CERVANTES, à sa fille.

Ah ! j'avais d'un coup d'œil jugé ce cœur d'élite.

JOSÉFA, à part.

Moi de même.

CERVANTES.

A présent, heureux d'une faveur
Que nous implorions, sire, avec tant de ferveur,
De n'en pas abuser le devoir nous ordonne.

(A Joséfa.)

Viens, ma fille.

LE ROI.

Attendez : cette aimable personne
Entre peut-être ici pour la première fois ?

JOSÉFA.

C'est un pays tout neuf, en effet, que je vois.

LE ROI.

A le connaître mieux vous vous plairez, sans doute.

JOSÉFA.

Eh ! quoi ! tant de bontés !

LE ROI.

Oh ! pour ce qu'il en coûte !...

(A un page.)

Que la reine un moment veuille bien nous prêter

(Le page sort.)   (Au marquis.)

Sa dame de service. Allez. — Sans vous flatter,
A ce propos, marquis, on prétend que vous êtes,
Au sein de notre cour, un faiseur de conquêtes,
Que nous aurons bientôt à signer au contrat.

LE MARQUIS.

Sire...

LE ROI.

Nous respectons ce terrain délicat ;
Mais on parle d'un choix qui, d'ailleurs, vous honore.

LE MARQUIS.

Le rang et la beauté, la vertu plus encore,
Tels sont les titres...

LE ROI.

Certe, ils sont bien suffisants.

SCÈNE VIII.

LES MÊMES, LA COMTESSE.

LA COMTESSE, venant par la droite.
L'ordre du roi m'appelle...

LE ROI.
          A vos soins complaisants
Pour cette belle enfant, Madame, je m'adresse.

CERVANTES, apercevant la comtesse, à part.
C'est elle!...

LA COMTESSE, de même, voyant Cervantes et Joséfa.
(Au roi.)
    Ici! tous deux!... Mon dévouement s'empresse...

LE ROI, montrant Joséfa.
Ses yeux, en ce palais, ont de quoi s'étonner;
Dans les appartements veuillez la promener;
Qu'elle ait bon souvenir de la maison royale.

CERVANTES, à part.
Joséfa dans ses mains! Quelle chance fatale!

LA COMTESSE, à part.
Chance heureuse!...

CERVANTES.
Mais, sire...

LE ROI.
      Eh bien?

CERVANTES.
          C'est que... je crains...
Pour Madame, une peine...

LA COMTESSE.
      Aux ordres souverains
J'obéis avec joie, et loin que je m'en plaigne...

LE ROI, à Joséfa.
Madame n'a pas l'air d'une farouche duègne :
Suivez donc votre guide, et n'en ayez pas peur.

JOSÉFA.
Pour moi son bon vouloir est d'autant moins trompeur,
Que déjà, par des mots qui m'ont bien touché l'âme,
Elle m'a témoigné...

LE ROI.
    Vous connaissez Madame?...

LE MARQUIS, à part.
Par quel hasard?...

JOSÉFA.
    Chez nous comme elle vint tantôt...

LE MARQUIS.
Chez vous?

CERVANTES, bas à Joséfa.
   Silence!...

JOSÉFA, se reprenant.
    A moins que ma vue en défaut...

LA COMTESSE.
C'est cela.

CERVANTES.
   L'on comprend qu'ici tout éblouie...

LE ROI.
Ce n'est pas, après tout, une chose inouïe
Qu'un rapport fortuit dans les traits et dans l'air.

CERVANTES.
Non, sans doute.

LE MARQUIS, à part.
Ceci ne me semble pas clair.

LA COMTESSE.
Venez, ma chère enfant.

(Elle sort avec Joséfa, toutes les deux en saluant le roi.)

SCÈNE IX.

LE MARQUIS, LE ROI, CERVANTES, DON RAMON, DON ALONZE, SEIGNEURS, etc.

LE ROI.
    Allons, cette journée
Au repos maintenant peut bien être donnée.
Descendons un moment aux jardins du palais.

DON RAMON, à qui l'officier est venu parler bas.
Par Votre Majesté l'ambassadeur anglais
Peut-il être reçu?

LE ROI.
    Quoi! je n'en suis pas quitte?
L'ambassadeur anglais! quelle affaire subite?

L'OFFICIER.
De sa cour, a-t-il dit, des avis importants...

LE ROI.
Puisqu'aux soins de l'État appartient tout mon temps,
Et qu'aucun suppléant ici n'est admissible,
Allons, finissons-en, et le plus tôt possible.
(Froissant dans sa main le mémoire de Cervantes.)
Qu'est cela? ce mémoire... Ah! oui!... Marquis, tenez;
Si de tels examens nous étaient destinés,
Quelle charge accablante et quels travaux sans terme!
(A Cervantes.)
Voyez, un de ces jours... voyez... le duc de Lerme.
(Le roi sort par la gauche, suivi de quelques-uns des seigneurs. Les gardes
qui étaient au fond se retirent.)

SCÈNE X.

CERVANTES, DON RAMON, LE MARQUIS, DON ALONZE, QUELQUES SEIGNEURS.

CERVANTES, à part.
Ah! trop tôt du succès je m'étais réjoui.
O doux rayon d'espoir soudain évanoui!
Trop fugitif éclair!

LE MARQUIS, qui s'est assis à droite, aux seigneurs.
    J'avais prévu sans peine
Pour un pareil désordre une fin très-prochaine.
Comment! un souverain prendrait lui-même soin...

DON ALONZE.
Allons donc!

CERVANTES, à lui-même, regardant au dehors.
    Joséfa ne saurait être loin,
Et pour nous retirer...

LE MARQUIS, avec intention.
    Cela passe créance
Que ces écrivailleurs aient tant d'outrecuidance.

CERVANTES, à part.
Ceci me touche-t-il?

LE MARQUIS, de même.
    Et d'abord conçoit-on
Que d'enseigner les rois ils se donnent le ton,
Qu'ils tournent vers ce but leurs farces insipides?

DON RAMON.
Il est des vanités qui ne sont pas timides.

CERVANTES, à part.
Partir, et sans délai, serait le plus prudent.
Je crains que d'éclater en vain me défendant...
Mais ma fille...

LE MARQUIS.
    Il faudrait, pour remettre à sa place
De ces petits auteurs la trop féconde race,
Qu'une bonne leçon...

CERVANTES, s'avançant en face du marquis.
    Mais pouvez-vous compter
Qu'ils seraient disposés, Monsieur, à l'accepter?
Contre les écrivains pourquoi donc tant de bile?
De cette hostile humeur quel est le vrai mobile?
Fouillons chez tel orgueil de lui-même rempli;
Scrutons de certains cœurs tel intime repli.
Ah! j'entends une voix au fond du sanctuaire,
Qui dit : « Eh! quoi! voilà cet homme, un pauvre hère!
« Il n'a point de châteaux, de terres au soleil,
« Il n'a point de laquais attendant son réveil,
« Point de salons dorés qui, le soir, étincellent,
« Point de sacs entassés d'où les ducats ruissellent,
« Pour tout bien, — eh! comment ne pas se récrier? —
« Il possède une plume, avec un encrier,
« Une plume, instrument si faible et si fragile!
« Eh bien! son nom, des vents empruntant l'aile agile,
« Courra de bouche en bouche et d'échos en échos;

« Sous l'instrument chétif quelques feuillets éclos,
« De cet homme, en son coin, insolemment voit faire
« L'ami que l'on chérit, la voix que l'on préfère!
« Par eux il obtiendra, cet auteur indiscret,
« Ce que le rang ou l'or en vain réclamerait! »
(Le marquis se lève.)
Telle est, — et je maintiens le fait incontestable, —
De cette hostilité la cause véritable.
A l'écrivain parfois on aura bien recours;
On le recherche alors, mais on le hait toujours.
L'esprit est un jardin que ferment des barrières;
N'y pouvant pénétrer, l'on y jette des pierres.
Ah! laissez-nous, Messieurs, cet empire idéal
Qui nous compense, au moins, un partage inégal.
Vous avez les grandeurs et les biens de la terre:
Place au labeur profond du penseur solitaire!
Place au germe puissant qui, par Dieu seul conduit,
Fera jaillir du sol et la fleur et le fruit!
Place! — et ce n'est pas trop d'une telle exigence, —
Sous les rayons du ciel, place à l'intelligence!

LE MARQUIS.

Vous entendez, Messieurs!

DON ALONZE, ironiquement.

Oui... cette royauté
Voudra bientôt sur l'autre avoir la primauté.

DON RAMON, de même.

L'intelligence!... Il faut que son pouvoir domine,
Et devant son drapeau que tout drapeau s'incline

CERVANTES.

Ce drapeau, c'est à tort que ma main l'arbora,
Soit; et pour vous, Messieurs, l'auteur disparaîtra.
Il est un autre nom dont ici je me nomme :
Ce n'est plus l'écrivain, mais c'est le gentilhomme,
Car je suis gentilhomme, et tout autant que vous,
Qui parle en ce moment, de son honneur jaloux;
C'est le soldat, jadis éprouvé dans des guerres
Dont vos heureux loisirs ne s'arrangeraient guères,
Car là, bien rudement le fer s'entre-choquait,
Car là, c'était de front, au moins, qu'on attaquait!
Par le plomb musulman cette main sillonnée,
Cette main qu'au repos vous croyez condamnée,
N'est pas débile encore au point de me trahir,
Si mon honneur blessé lui criait d'obéir!

LE MARQUIS.

Des menaces!

CERVANTES.

Non pas : un avis salutaire,
Qui bientôt, j'en répouds, aurait son commentaire.

LE MARQUIS.

J'entends : par votre plume il serait éclairci.

CERVANTES.

Mon épée au besoin s'en chargerait aussi!

LE MARQUIS.

Oui-da!...

CERVANTES.

De son fourreau si mon bras la dépouille..

LE MARQUIS.

L'encre a dû sur sa lame imprimer de la rouille.

CERVANTES, hors de lui, tirant son épée.

Vous plait-il d'en juger?...

LE MARQUIS.

Tirer ici le fer!...

CERVANTES.

Soyez, pour un moment, moins hautain et moins fier.

DON RAMON.

Dans le palais du roi!... c'est une grave offense,
Un crime....

CERVANTES.

Qui plus tard trouvera sa défense.

LE MARQUIS.

En attendant, Monsieur, il doit être puni.

CERVANTES.

Un combat de la sorte est sans peine fini;
Je vous fais compliment, Monsieur!

LE MARQUIS.

Approchez, gardes!
(Quatre hallebardiers s'avancent avec l'officier.)
Au nom du roi!...

CERVANTES.

Ce nom, plus que vos hallebardes,
M'impose, et je me rends.

LE MARQUIS.

Quel que soit le motif....
(Il lui ordonne d'un geste de livrer son épée.)

CERVANTES.

Mais dans l'autre combat où je restai captif,
Le Maure, — et sa victoire, à lui, fut moins aisée, —
N'arracha de mes mains mon arme que brisée!
(Il brise son épée et en jette les morceaux à ses pieds; l'officier s'approche de
Cervantes et se dispose à l'emmener.)

LE MARQUIS, à part.

Ah! l'aiguillon en vain ne s'est pas fait sentir!

CERVANTES, tandis que le marquis donne ses ordres

Mais quoi! de ce palais je vais ainsi sortir,
T'y laisser, Joséfa, seule, ô destin étrange!
Sans qu'un mot entre nous, sans qu'un baiser s'échange,
Pour calmer ta douleur, dissiper ton effroi!
Mon enfant! mon enfant! que Dieu veille sur toi (1)!
(Il est emmené par les gardes.)

———

ACTE QUATRIÈME

La partie extérieure d'une prison voisine du château royal. Une terrasse fermée
au fond par un parapet crénelé. A gauche, une tour, et sur le second plan,
l'entrée par où l'on vient du dehors; à droite, un bâtiment à un étage, qui est
le logement du commandant. Contre ce bâtiment, un berceau avec une vigne
grimpante, ouvert du côté du public, et sous lequel donne la porte. Derrière le
berceau et la maison du commandant, la terrasse se continue, et offre une autre
sortie, à droite, au second plan. A gauche, un banc de pierre.

—

SCÈNE PREMIÈRE.

CERVANTES, L'OFFICIER, DEUX PRISONNIERS, TROIS
GARDIENS, LE CAPITAINE RIFADOR.

(Rifador est assis à droite devant le berceau, près d'une petite table sur laquelle est un registre, une plume et de l'encre.)

L'OFFICIER, à Rifador, montrant Cervantes qui est au second plan.

Un prisonnier.

RIFADOR.

C'est bon! chacun son tour, que diable!
(Montrant un des prisonniers que l'on fait avancer vers lui.)
D'abord, pour celui-ci, logement très-sortable,
Nous avons le cachot numéro trente-six.
Il est tant soit peu bas; mais, quand on est assis...
(Montrant le second prisonnier qui s'avance à son tour.)
Pour cet autre, voyons... le numéro vingt-quatre,
Où quelquefois, dit-on, les rats viennent s'ébattre.
Bah! cela fait toujours une distraction;
Et d'ailleurs, quand ici l'on est en pension,
Ce n'est pas pour y vivre avec toutes ses aises.
J'ai passé, pour ma part, des heures plus mauvaises
Au bivouac où, sans lit, oreiller ni rideau,
On s'éveillait souvent dans la boue et dans l'eau.
C'était en se battant que l'on soignait son rhume.
(Les deux prisonniers sortent, emmenés par deux des gardiens.)
A présent, celui-là, qui, suivant la coutume,
(ironiquement.)
A droit, sans aucun doute, à des ménagements!

CERVANTES, qui, absorbé dans ses pensées, s'est assis sur le banc de pierre,
se levant.

Je n'en demande pas : les destins incléments

(1) Ces six derniers vers ne se disent pas à la représentation.
Cervantes est emmené par les gardes, et le rideau baisse sur
celui-ci :
    N'arracha de mes mains mon arme que brisée.

M'ont rendu vos rigueurs d'avance familières.

RIFADOR.

Tiens! il a le ton digne et les allures fières!
Veuillez du prisonnier m'exhiber le mandat,
Il ne m'en faut pas plus.

(Jetant les yeux sur le papier que l'officier lui présente.)

Eh! mais... avec éclat
Ce nom-là par un autre est porté!

CERVANTES.

Par un autre?

RIFADOR, se levant.

Çà! le nom de Miguel étant aussi le vôtre,
Se pourrait-il qu'en vous, par un hasard flatteur,
De *Don Quichotte* ici je reçusse l'auteur?

CERVANTES.

Oui.

RIFADOR.

Pardieu! je bénis une si bonne aubaine!
Touchez là!... Vous avez en moi, — le capitaine
Annibal Rifador, — un ami des plus chauds,
Et qui n'aura pour vous ni grilles ni cachots!

(Au gardien qui est resté.)

Allez!

CERVANTES.

Un tel accueil, Monsieur...

RIFADOR.

Je suis loin d'être
Un savant, et n'ai pas dessein de le paraître.
Je n'eus jamais souci des Grecs ni des Romains;
Je lis peu; mais quelqu'un m'ayant mis dans les mains
Votre livre, morbleu! j'y trouvai mainte page
Qui m'est allée au cœur on ne peut davantage.
C'est surtout le discours où votre chevalier,
Exaltant du soldat le glorieux métier...
Tenez, j'en puis citer des phrases tout entières!
« Pour défendre l'État, pour garder les frontières,
« N'est-ce pas le soldat qui... le jour et la nuit...
« N'est-ce pas le soldat... » et tout ce qui s'en suit!
Hier, un procureur, misérable adversaire,
Osant me soutenir une thèse contraire,
Ah! sous vos arguments, dont je tirai parti,
Comme il fut écrasé!... comme il fut aplati!...
C'est à vous que je dois mon triomphe oratoire.

CERVANTES.

Bien charmé, capitaine...

RIFADOR.

Il est pour moi notoire,
Sans savoir le délit qui vous est reproché,
Que votre honneur, au moins, n'en peut être ébréché.

CERVANTES.

Oh! non, certe... et bien loin de rougir de ma faute,
Si c'en est une...

RIFADOR.

En vous je ne veux voir qu'un hôte,
Un commensal.

(Montrant la porte à droite sous le berceau.)

Voici mon propre logement.
Il a fort belle vue, et c'est un agrément;
Et puis, sur le rempart, ce berceau, cette treille,
Où, l'automne arrivant, rit la grappe vermeille...
Nous y pourrons goûter un certain vieux xérès!...
En un mot, c'est chez moi, pour vous voir de plus près,
Que de vous accueillir j'ai le plaisir sensible,
Et restez-nous, Monsieur, le plus longtemps possible!

CERVANTES.

Monsieur...

(A part.)

O Joséfa! n'est-il aucun espoir?...

(Apercevant le marquis d'Olmedo qui vient d'entrer par la gauche.)

Le marquis!...

SCÈNE II.

LE MARQUIS, CERVANTES, LE CAPITAINE RIFADOR.

LE MARQUIS, à Cervantes.

Vous semblez étonné de me voir,

Monsieur?

CERVANTES.

Je l'avouerai, car la plus grande injure
Qu'on pût vous adresser, ce serait de conclure
Que vos yeux, Monseigneur, de mes maux s'égayant,
Y cherchent à dessein un spectacle attrayant.

LE MARQUIS.

Point du tout; et d'ailleurs, de la sorte comprise,
Il faut en convenir, la prison s'humanise :
Elle admet des douceurs et des immunités...

RIFADOR.

Monseigneur....

LE MARQUIS.

Le regard ici de tous côtés,
Au dehors plane à l'aise, et votre... locataire...

RIFADOR.

Je remplis mon devoir comme un franc militaire.
On ne m'a jamais vu par trop accommodant;
La prison du château, dont je suis commandant,
N'est pas, j'ose le dire, un séjour de plaisance;
Mais, pour ce cavalier, la simple tolérance
Dont...

LE MARQUIS.

Je ne prétends pas à mal vous l'imputer.
Ce brave commandant! Pourrait-on se douter
Quel esprit bienveillant et quel bon cœur il cache
Sous les crocs menaçants de sa longue moustache?
C'est très-bien! — A Monsieur, je voudrais seulement
Dire deux mots.

RIFADOR, bas à Cervantes.

Je crois que son sourire ment!

(A part.)

Tant pis! Je suis en paix avec ma conscience!

(Il sort par la droite, au second plan.)

SCÈNE III.

LE MARQUIS, CERVANTES.

LE MARQUIS.

Allons, écoutez-moi, Monsieur, sans défiance.
Loin que votre malheur réjouisse mes yeux,
Le but de ma visite est tout officieux.
Le respect pour le prince est une chose grave,
Ce n'est pas une loi qu'impunément on brave,
Et là, dans le palais mettre flamberge au vent!...
On vous mènerait loin, — très-loin, — en poursuivant
L'affaire avec rigueur, je ne puis vous le taire;
Ce qui tient au palais est dans mon ministère,
Et si j'usais des droits à ma charge commis...

CERVANTES.

Oui, j'ai donné sur moi prise à mes ennemis;
L'honneur me fit entendre un trop puissant langage;
Usez donc, Monseigneur, d'un si noble avantage.

LE MARQUIS.

Ce n'est pas mon envie; et même il se pourrait
Qu'à vous tirer d'ici l'on me trouvât tout prêt;
Qu'on vous eût arrêté... seulement pour la forme.
Mais il est bon d'abord, Monsieur, que je m'informe
D'un détail qui réclame au plus tôt le grand jour.
Votre fille, avec vous introduite à la cour,
Et portant dans ce lieu sa candeur ingénue,
A dit que la comtesse était chez vous venue.

CERVANTES, avec une indignation contenue.

Et vous voulez...

LE MARQUIS.

Je veux, mais sans détour aucun,
Savoir ce qu'avec vous on avait de commun.
Il faut, il faut, Monsieur, tout nettement répondre.

CERVANTES, avec énergie et dignité.

Avec qui donc alors m'avez-vous pu confondre?

LE MARQUIS.

Allons! dans un refus je vous vois retranché;
Tout comme il vous plaira : pour vous j'en suis fâché.

CERVANTES.

Ce regret, Monseigneur, sans doute il est sincère;
Aussi, de vous presser, il n'est pas nécessaire

Pour que dans ma prison ma fille obtienne accès.
Si je l'ai mérité, faites-moi mon procès;
Mais ma fille a besoin de la voix paternelle;
Elle a besoin de moi, comme j'ai besoin d'elle.

LE MARQUIS.

Elle est en sûreté, c'est le point important.

CERVANTES.

Je n'ai pu, Monseigneur, l'embrasser en partant,
La consoler, lui dire un mot qui la rassure.

LE MARQUIS.

On s'en charge.

CERVANTES.

Écoutez le cri de la nature.
C'est un pénible effort que sur moi je ferai;
Mais s'il faut supplier, eh bien! je supplierai!
Il n'est pas de verrous, il n'est pas une grille
Qui ne laissent passer les baisers d'une fille.

LE MARQUIS.

On verra.

CERVANTES.

Cher trésor, hélas! je t'ai perdu.
Oh! l'on ne voudra pas que tu me sois rendu;
Leurs filets, mon enfant, t'ont prise dans leurs mailles.

(Regardant à droite.)

Le voilà, ce palais; les voilà, ces murailles
A qui mon cœur brisé te redemande en vain!
O toi seul juste et bon, ô Dieu! juge divin,

(Apercevant Joséfa.)

Rends-la moi... Ciel!...

SCÈNE IV.

LES MÊMES, JOSÉFA, LA COMTESSE.

JOSÉFA, entrant par le fond avec la comtesse, et s'élançant vers Cervantes.

Mon père *!

CERVANTES.

O prodige! ô miracle!

(Il la presse dans ses bras.)

Joséfa!

LE MARQUIS, à part.

Que veut dire?...

JOSÉFA.

Est-il aucun obstacle
Que Dieu, dès qu'il lui plait, ne puisse renverser?

CERVANTES.

Quand j'invoquais son nom, il daigne m'exaucer!
Mais dis... par quelle route a-t-il su te conduire?

JOSÉFA.

Apprenant mon malheur, à mes yeux je vois luire
Comme un éclair. La reine allait sortir: je cours,
Je m'élance; à ses pieds, implorant son secours,
Je me jette. « — Madame, oh! pitié! » m'écriai-je;
« Vous avez du pouvoir le plus beau privilége;
« Surtout vous protégez les filles sans parents.
« Mon père... on me l'a pris; dites: *Je te le rends!*
« Ou, si la geôle encor tarde à lâcher sa proie,
« Au moins, sans différer faites que je le voie;
« Car je n'ai que lui seul! » Oh! je ne tremblais pas!
Ma parole était ferme aussi bien que mes pas.
« — Cette enfant a raison, » dit une voix auguste;
« Elle veut voir son père, et sa demande est juste.
« Comtesse, à la prison sur-le-champ menez-la;
« Je l'ordonne. » Elle dit, mon père, — et me voilà!

CERVANTES.

Que le ciel envers elle acquitte notre dette!

LE MARQUIS, à part.

Mais on ne peut donc plus compter sur l'étiquette!

JOSÉFA, à la comtesse.

Un tel ordre, Madame, est une douce loi,
N'est-ce pas?

LA COMTESSE.

Tout entière aux soins de mon emploi
Quand la reine a parlé...

CERVANTES.

Volonté tutélaire!

LA COMTESSE.

Profitez-en, Monsieur. Même, s'il peut vous plaire
D'être seuls tous les deux... car je juge combien
Le tête à tête est doux pour un tel entretien...
Que votre peine en soit d'autant mieux adoucie.

(Montrant la droite.)

Vous pouvez...

CERVANTES.

En effet... et je vous remercie.

LA COMTESSE.

J'attendrai le dépôt à ma garde commis.

CERVANTES, à part.

A sa garde!

(Cervantes et Joséfa sortent par la droite, au second plan.)

SCÈNE V.

LA COMTESSE, LE MARQUIS.

LA COMTESSE, avec résolution.

Monsieur, il me sera permis,
Puisqu'en pareil endroit nous voilà seuls ensemble,
De vous faire un appel.

LE MARQUIS.

Vous, comtesse?

LA COMTESSE.

Il me semble
Qu'une extrême rigueur frappe... ce prisonnier.

(Mouvement du marquis.)

Les faits me sont connus: il a pu s'oublier.

(Avec intention.)

Mais rien n'a-t-il aussi provoqué sa colère?
On sait qu'un vieux soldat aisément s'exaspère;
Et comme en un instant le sang lui monte au front,
De la main à l'épée un mouvement est prompt.
Sa fille est là qui pleure, entre ses bras pressée.
Qu'un mot libérateur...

LE MARQUIS.

La partie offensée
Ce n'est pas, par malheur, moi seul, vous le sentez;
Le roi même est en cause, et par ce nom dictés
Mes devoirs ont d'avance exclu mon entremise.
A l'alcade mayor cette affaire est remise.

COMTESSE.

Déjà?...

MARQUIS.

Mais quels sont donc, pour vous intéresser,
Les titres de cet homme, et que dois-je penser?
Malgré moi je rapproche une telle insistance
De la visite...

LA COMTESSE.

Eh quoi!

LE MARQUIS.

Pour tant de bienveillance
Je ne puis deviner le motif clandestin...

LA COMTESSE.

Ce mot...

LE MARQUIS.

Enfin, chez lui l'on vous vit ce matin.
Entre cet homme et moi je connais l'intervalle;
Mais, sans qu'aucun soupçon jusqu'à lui me ravale,
J'ai le droit de savoir, au point où nous voici...

LA COMTESSE.

Le droit?...

LE MARQUIS.

Entre nous deux tout doit être éclairci,
Tout mystère écarté.

LA COMTESSE, à part.

Quel embarras extrême!

LE MARQUIS.

Parlez!...

LA COMTESSE, par une inspiration subite.

Mais, après tout, chez Cervantes, vous-même,
N'êtes-vous pas allé?...

LE MARQUIS.

Plait-il?

LA COMTESSE.

Oui, ce matin,

Ce matin même, aussi?

LA MARQUIS.
Moi?...

LA COMTESSE.
Le fait est certain.
Je le tiens en effet de source peu douteuse,
De Joséfa, sa fille.

LE MARQUIS, à part.
O rencontre fâcheuse!

LA COMTESSE.
Le secret envers moi serait hors de saison.
J'ai le droit, à mon tour, de savoir la raison...
(A part.)
Il ne la dira pas.

LE MARQUIS, à part.
Je serais ridicule,
Le ridicule tue.

LA COMTESSE.
Alors qu'on dissimule,
C'est qu'on est dans son tort.

LE MARQUIS.
Vous y mettez un feu,
Un intérêt... — Eh! mais, je comprends : — oui, parbleu!
J'entrevois le soupçon dont votre âme est saisie.
Vous daignez m'honorer d'un peu de jalousie.
C'est cela!...

LA COMTESSE.
Moi, jalouse?

LE MARQUIS.
Au fait, je le conçois :
On m'a, sur ce terrain, querellé bien des fois.
Partout où deux beaux yeux lancent leurs étincelles,
On croit que, de ma part, des ardeurs infidèles...
On fait suivre mes pas... oh! j'en suis coutumier!...
Tout s'explique à présent : afin de m'épier,
Cette visite, eh! oui... faite à la dérobée...
Dans quelle erreur bizarre étiez-vous donc tombée!
Cette enfant, j'en conviens, a d'aimables attraits.

LA COMTESSE.
Joséfa?...

LE MARQUIS.
Mais, d'honneur, je me reprocherais...

LA COMTESSE.
Quoi! Monsieur?...

LE MARQUIS.
Par le ciel, comtesse, je vous jure...

LA COMTESSE.
Que cette jeune fille est innocente et pure?
Que le souffle du mal, s'il osait l'approcher,
Passerait sur son front sans pouvoir y toucher?
Certe, il n'est pas besoin que votre voix l'atteste.

LE MARQUIS.
Que ma fidélité soit aussi manifeste!
Tenez, ce sont vos yeux que j'en prends pour garants.
Vos yeux, qui fixeraient jusqu'aux astres errants,
Comme un nuage au vent que toute ombre s'envole!
Si de ma bouche, enfin, une seule parole,
A pu vous offenser, accordez-moi le don
D'un indulgent sourire et d'un complet pardon!
Coupable repentant, à vous je m'abandonne.
On n'est pas comme vous belle sans être bonne.
Dans ce soupçon, d'ailleurs, votre amour a parlé :
Son injustice même a pour moi révélé
L'effet d'un sentiment qui me transporte d'aise.
Il n'est point, dans ce cas, de preuve qui ne plaise,
Fût-ce un coup de poignard... pourvu qu'il soit léger.
De mon propre bonheur, triomphant messager,
Au grand couvert du roi je vais, ô mon étoile,
Annoncer le beau jour qu'à présent rien ne voile.
(Il sort.)

SCÈNE VI.

LA COMTESSE, seule.

Il s'en va satisfait. Secours inattendu,
Il m'ouvrait de lui-même une route, et j'ai dû,
Pour couvrir d'un manteau ma fatale imprudence,
Accepter son erreur... au moins par mon silence.
J'ai, cette fois du moins, pu parer au danger.
Comme un devoir trahi sait toujours se venger!
Caché sous nos bonheurs, il les ronge et les mine,
Je veux lever la tête, et ma tête s'incline!
Subissons mon destin. Mais quoi! trembler toujours!
Toujours de l'artifice emprunter le secours!
Le masque du mensonge est pesant au visage!
Ah! mon front ne saurait le porter davantage.
Je ferai hautement parler la vérité.
Je dirai : « C'est ma fille! » Au passage arrêté,
Déjà ce mot vingt fois est venu sur mes lèvres.
Ma fille! il me la faut! — O dévorantes fièvres!
Tourments que jusqu'ici je n'avais pas soufferts!
En le disant, ce mot, sans retour je me perds!
Mon rang... tout cet éclat qui soudain s'évapore...
La faveur de la reine... et... ce n'est rien encore...
Mon honneur... Au grand jour, eh! quoi! j'irais montrer
Dans ma vie, où nul œil n'avait pu pénétrer,
Une faute!.. Sur moi quelle amère risée!..
Honorée à présent... et demain méprisée!...
Mes ennemis de cour, comme ils triompheraient!
Sous un arrêt trop sûr, comme ils m'écraseraient!
Je les vois... les entends... Oh! non... que nul ne sache...
Mon bonheur maternel, au monde je le cache;
Près de moi, Joséfa, je puis te recueillir,
Te garder... t'adopter... oui... mais sans me trahir!

SCÈNE VII.

LA COMTESSE, JOSÉFA, CERVANTES.

JOSÉFA.
Pourquoi donc ce refus? pourquoi, dites, mon père?

CERVANTES.
Inutile recours!

JOSÉFA, à la comtesse.
Madame, en vous j'espère!
Vous avez su comment l'affaire s'engagea :
Un mot à ce marquis!

LA COMTESSE.
De moi-même, déjà,
J'ai parlé, mais en vain.

JOSÉFA.
Je vous rends toujours grâce.

LA COMTESSE.
Sans doute, ici pour vous le temps bien vite passe,
Mon enfant, mais il faut retourner au palais,
Et mon devoir s'oppose à de plus longs délais.

CERVANTES.
Devoir bien rigoureux! N'ayez aucune crainte;
Votre dépôt ici ne peut subir d'atteinte.

LA COMTESSE, à Joséfa.
Je ne puis à vos yeux inspirer de l'effroi :
(Douloureusement.)
Ce n'est pas pour toujours que vous serez à moi.
Venez.

JOSÉFA, se rapprochant de son père.
Madame...

LA COMTESSE.
Eh! bien?

JOSÉFA.
Vous daignerez m'absoudre,
Mais à quitter mon père, oh! comment me résoudre?
Sans doute, on voudra bien avec lui, dans ce lieu,
Aussi me donner place; il m'en faudra si peu!

LA COMTESSE.
C'est impossible...

JOSÉFA.
Eh! quoi! ce droit que je réclame?
Qui donc, si ce n'est moi, le servira, Madame?
Près de vous, au palais, vainement vous m'offrez
Une chambre élégante aux lambris tout dorés!
O palais et prison l'un de l'autre si proches!
Je croirais chaque nuit entendre des reproches,

Sur ce lit somptueux, mais pour moi sans sommeil,
Dont je ferais l'essai dans un moment pareil!
CERVANTES.
Chère enfant!
LA COMTESSE.
Vous savez qui vous mit en ma garde,
Et qui désobéit grandement se hasarde.
La reine...
JOSÉFA.
A sa bonté je me fie. Une voix
Est là qui me répond : Tu fais ce que tu dois.
LA COMTESSE, avec un surcroît d'insistance.
A mon affection que la vôtre se livre.
Est-ce une loi si dure, après tout, de me suivre,
Qu'il faille tant de peine et de si longs débats?...
JOSÉFA.
Non, si la voix du sang ne me retenait pas;
Mais, près d'un père ici quand cette loi m'engage,
Vous voulez que je suive, — excusez mon langage, —
Une étrangère!...
LA COMTESSE, à part.
O ciel!
JOSÉFA.
A lui mon dévouement!
LA COMTESSE, à part, avec une agitation croissante.
Une étrangère!... Et rien dans son cœur ne dément
Ce nom, ce nom cruel que sa bouche me donne!...
(S'oubliant et tendant les bras.)
Mais viens donc, mais viens donc, quand ta mère l'ordonne !
JOSÉFA.
Quoi!...
CERVANTES, que sa fille interroge du regard.
C'est la vérité.
LA COMTESSE, tendant les bras.
Ma fille, tu l'entends!
JOSÉFA, se jetant dans ses bras, puis d'un ton douloureux et tendre.
Pourquoi donc avez-vous attendu si longtemps?
LA COMTESSE, se cachant le visage dans ses mains.
Dieu trop juste!...
JOSÉFA.
Pardon!... ce mot, il vous afflige,
Madame!—non! ma mère, oui, ma mère, vous dis-je!...
LA COMTESSE.
O bonheur qui pour moi d'aujourd'hui semble né !
O titre que jamais on ne m'avait donné!
Doux nom par qui mon âme en d'autres cieux s'éveille,
De ta chère harmonie enivre mon oreille!
Ce trésor que j'ai pu saisir et caresser,
Maintenant sans mourir pourrais-je y renoncer!
JOSÉFA.
Croyez bien que pour moi ce bonheur n'est pas moindre;
Que ma voix, à la vôtre heureuse de se joindre,
Prodiguera ce nom que vous désirez tant!
Oui, partout je dirai, loin de moi rejetant
Tout pénible retour, toute pensée amère :
« Ma mère, la voici! j'ai retrouvé ma mère ! »
LA COMTESSE.
Redis-les-moi ces mots par mon cœur savourés!...
CERVANTES.
On vient!... le commandant.
LA COMTESSE.
Grand Dieu!
(A Joséfa.)
Vous vous tairez...
Je ne suis rien pour vous.
JOSÉFA.
Comment?...
LA COMTESSE.
Devant le monde.
JOSÉFA, douloureusement.
Ah!
CERVANTES.
Quel mot!...

SCÈNE VIII.

LES MÊMES, LE CAPITAINE RIFADOR.

RIFADOR, à part.
Ce marquis!... que le ciel le confonde!
Éloignons la petite... oui.
(Haut.)
Monsieur...
CERVANTES.
Quoi de neuf,
Capitaine?
RIFADOR.
Sachez que Dieu me rendit veuf.
Adorons ses décrets! — Mais j'ai mon Inésille,
Elle a seize ans! elle est avenante et gentille :
C'est mon portrait parlant.... quoique un peu rajeuni ;
Un vrai charme! Elle aurait un plaisir infini
A voir Mademoiselle... elle l'aime d'avance
JOSÉFA.
Monsieur...
RIFADOR.
Oh! vous aurez bientôt fait connaissance,
(A Cervantes, lui faisant des signes. — Assentiment de Cervantes.)
Et si Monsieur permet... D'abord , point d'embarras,
De façons entre vous.
(Il présente la main à Joséfa.)
JOSÉFA , à part.
Devant le monde, hélas !
Elle n'est pas ma mère!
RIFADOR, l'amenant jusqu'à la porte, sous le berceau.
Ici... la chambre à droite.
Très-bien...
(Joséfa sort.)

SCÈNE IX.

LA COMTESSE, CERVANTES, RIFADOR.

RIFADOR, à Cervantes.
Pour l'éloigner c'est une ruse adroite.
CERVANTES.
Et pourquoi ?
RIFADOR.
Contre moi le marquis s'est fâché
Disant qu'à votre égard je me suis relâché
Du régime obligé que la prison impose.
CERVANTES.
Quel regret je ressens d'être pour vous la cause...
RIFADOR.
Bah! bah! plus d'une fois nous avons vu le feu.
Mais, malheureusement ce qui n'est point un jeu,
C'est que je dois, — pardon, — vous donner pour demeure...
CERVANTES , avec tranquillité.
Un cachot?
RIFADOR.
Une chambre! A l'instant que je meure,
Si je ne voudrais pas... Mais je puis différer
Un quart d'heure... Il faut bien un peu la préparer
Cette chambre, et je viens... Cette pauvre petite
Aurait cru, se prenant d'une terreur subite...
CERVANTES.
Pour votre attention, capitaine, merci.
RIFADOR.
Ce qui peut résulter de cette affaire-ci,
— Et vous n'en mourrez pas, — c'est qu'une forteresse
Soit pendant quelques mois votre maussade hôtesse.
Par exemple, tenez, vous courez grand hasard
D'habiter Ségovie et son vieil alcazar.
CERVANTES.
Soit !...
RIFADOR.
Au fait, chez le roi tirer l'épée... Ah! diantre!
Je sais bien qu'un affront met le feu sous le ventre,
Que... lorsqu'on est blessé par un mot insultant...
A votre place... eh oui! j'en aurais fait autant.
(Il sort.)

SCÈNE X.

LA COMTESSE, CERVANTES.

CERVANTES.

Quel que soit le séjour que l'arrêt me destine,
Ma fille me suivra. Partout une orpheline
Trouve bien d'un couvent l'abri sûr et pieux.

LA COMTESSE.

Pensez-vous donc, Monsieur, qu'elle y puisse être mieux
Qu'auprès de moi? Sa place est assez indiquée.

CERVANTES.

Au giron maternel, oui, Dieu l'avait marquée.
Mais qui de Joséfa soigna les premiers ans?
Qui cultiva son cœur et ses pensers naissans?
Pardon, si votre esprit à ce mot se révolte;
Mais c'est à qui sema qu'appartient la récolte.

LA COMTESSE.

Quoi que vous en disiez, il n'est jamais trop tard
Pour qu'un droit si sacré revendique sa part.

CERVANTES.

On la réclame alors hautement, sans réserve,
Sans songer si le monde est là qui vous observe,
Et sans ménager rien et sans rien calculer.
Mais dès le premier pas je vous vois reculer;
A l'élan filial vous imposez silence,
Et ce n'est pas vers lui qu'a penché la balance,
Quand le respect humain, ce fantôme glacé,
En un pareil moment devant vous s'est dressé!

LA COMTESSE.

Mon cœur...

CERVANTES.

A volonté s'ouvre ou bien se resserre.

LA COMTESSE.

De ces ménagements la loi trop nécessaire
Permet...

CERVANTES.

De cette erreur il faut que vous sortiez.
On se dit : De mon cœur je ferai deux moitiés,
— Oh ! ne prétendez pas que cette idée est fausse! —
Puis, l'une de ces parts, — et non pas la moins grosse, —
Sera pour les grandeurs, la cour, les dignités,
Pour tout ce qui reluit à vos yeux enchantés,
Pour ces hochets dorés dont vous êtes sujette :
L'autre part, bien fermée ainsi qu'une cachette,
Pour l'amour maternel on la ménagera ;
Cet amour clandestin, on l'y retrouvera,
Quand on sera bien seule et sûre du mystère;
Alors on reprendra sa qualité de mère,
Au sortir de l'éclat, de la foule et du bruit,
Comme on prend en rentrant sa toilette de nuit!
Qu'à cet amour furtif la pauvre enfant réponde,
Et vous la renierez après... devant le monde!

LA COMTESSE.

Ces traits sont bien amers, et tant de cruauté...

CERVANTES.

Alors, comprenez mieux votre maternité!
Oh! non, Madame, oh! non, ce serait trop commode,
Que l'on pût au besoin s'en faire une à sa mode.
Il faut, là comme en tout, suivre le droit sentier;
Ce grand et saint devoir veut le cœur tout entier.
Les doux soins qu'elle envie et qu'elle revendique,
Une mère à huis clos par le fait les abdique!
Oui, les abdique, et rien, Madame, ne l'absout :
Quand on n'est qu'un peu mère, on ne l'est pas du tout.

LA COMTESSE.

Oh! je l'aimerai tant, cette enfant, et ma dette
S'acquittera si bien, tout en restant secrète!
Je lui rendrai si bien, dans notre intimité,
L'effort qu'à toutes deux il en aura coûté!
Puis, votre affection si profonde et si tendre
Jusqu'à d'autres pensers devrait un peu s'étendre.
Je suis en une place où déjà m'apparait
Pour cette chère enfant un avenir tout prêt.
Comprenez donc, Monsieur, ma réserve discrète :
Ce rang, il ne faut pas que je le compromette;

C'est, lorsqu'un mot fatal peut m'en déposséder,
Pour ma fille, surtout, que je dois le garder.
La reine, en lui tendant une main secourable,
D'avance, à mon dessein se montra favorable.

CERVANTES.

Eh bien! de Joséfa suivons le seul penchant.
Dans le fond de son cœur qu'elle-même cherchant,
Y trouve un conseiller qui l'éclaire et la guide,
Et que spontanément sa seule voix décide.
La voici.

LA COMTESSE, à part.

Fais, mon Dieu! fais que ce libre choix...

SCÈNE XI.

CERVANTES, JOSÉFA, LA COMTESSE.

CERVANTES.

Écoute... écoute bien, ma chère fille, — et crois
Que ce n'est pas pour moi, mais pour toi que je t'aime,
Que mon affection sera toujours la même,
Quel que soit le dessein où tu t'arrêteras.
Ta mère, — et nos deux cœurs ne seront point ingrats, —
Par un amour sincère en ta faveur poussée,
Auprès d'elle, à la cour, voudrait te voir placée,
Pour te faire échanger notre sort incertain
Contre l'attrait doré d'un plus riant destin.

JOSÉFA.

Sa vive affection dans ce projet respire;
Mais, vous voyant ici, rien peut-il me sourire?

CERVANTES.

Ce n'est pas ma prison qu'il faut considérer;
J'en sortirai bientôt, nous devons l'espérer.
Ne vois, ma chère enfant, que ton goût, ton envie,
Que ces amusements trop rares dans ta vie,
Qu'une carrière ouverte à tes pas affermis,
Que ton seul avenir.

LA COMTESSE.

Ah! s'il m'était remis,
Serait-il désormais pour moi plus douce tâche
Que de m'en occuper, d'y veiller sans relâche?
La cour, foyer semblable à l'Orient vermeil
D'où luit sur l'univers la splendeur du soleil,
Aurait pour toi l'éclat de ses fêtes pompeuses;
Enfin, — je ne fais pas de promesses trompeuses, —
Ecartant du chemin et soucis et douleurs,
Ma main ne laisserait sous tes pas que des fleurs!

CERVANTES.

Rien de pareil, ma fille, en notre humble existence.
Là, point d'éclat pompeux, point de magnificence.

LA COMTESSE.

Je n'aurais, en un mot, rien à te refuser!

CERVANTES.

Moi, je n'ai pour cadeau, bien souvent, qu'un baiser.

JOSÉFA, se jetant dans ses bras.

En est-il un meilleur!

CERVANTES.

Ma Joséfa chérie!

LA COMTESSE.

Ah! c'est bien dans son cœur la nature qui crie!
Trop heureux êtes-vous dans votre adversité!...
Et moi, trop malheureuse en ma prospérité!...
A quel prix, ciel vengeur! à quel prix je l'achète!
Dans un gouffre de maux que le destin vous jette,
Que le plus dur labeur, en usant votre main,
A peine, au jour le jour, vous procure du pain,
Vous avez votre fille aimante et dévouée;
Vous avez cette amour hautement avouée,
Ce baume adoucissant, ce paternel orgueil,
Ce rameau parfumé qui fleurit votre seuil!
Et moi, moi qu'à la cour un beau titre décore,
Dût mon ambition s'élever plus encore,
Dût pour moi la fortune épuiser sa faveur,
Ce bien tant convoité n'est qu'un fruit sans saveur.
Le succès est à moi, mais le bonheur m'échappe,
Car dans ce même amour le châtiment me frappe,
Car mon enfant hésite à voler dans mes bras

Quand je lui fais appel... et ne me choisit pas!
JOSÉFA.
Choisir?... Et pourquoi donc faut-il que je choisisse?
Quelle nécessité d'un triste sacrifice?
Quel est ce sort fatal et ce motif caché
Qui veut qu'ainsi mon cœur en deux parts soit tranché?
Dites! ne suis-je pas un nœud qui vous rassemble,
Et m'est-il interdit de vous aimer ensemble?
CERVANTES.
Ah! c'est plus que mon cœur n'en saurait endurer!

SCÈNE XII.

LES MÊMES, RIFADOR, DEUX GARDIENS.

(Sur ce dernier vers, Rifador a paru au fond avec deux gardiens auxquels il
donne un ordre, et qui sortent par le fond à droite.)

RIFADOR, à demi voix, à Cervantes.
Monsieur...
CERVANTES.
Bien!
JOSÉFA.
Je comprends : on vient nous séparer.
RIFADOR, prenant Cervantes à part, sur la gauche, tandis que Joséfa rest
de l'autre côté avec la comtesse.
Je sais, à votre égard, seigneur, ce qu'on décide;
Ce n'est plus la prison : c'est l'exil homicide
En Afrique, à Ceuta.
CERVANTES.
Ceuta! morne tombeau!
Oui, l'autre châtiment m'eût fait un sort trop beau.
RIFADOR.
Un roc battu des flots, le soleil... et du sable.
En fait de garnisons qui n'aient rien d'agréable,
C'en est une...
CERVANTES.
Un moment, du moins, m'est-il laissé?
RIFADOR.
Bien court.
CERVANTES.
Oh! le marquis dans sa haine est pressé!
JOSÉFA.
Que disent-ils? Mon Dieu! quelque malheur s'apprête.
RIFADOR.
Moi qui de vous loger me faisais tant de fête!
(Serrant la main de Cervantes.)
Adieu, seigneur, adieu!
(Il sort.)

SCÈNE XIII.

CERVANTES, JOSÉFA, LA COMTESSE.

CERVANTES, à part.
Pour moi seul cet exil!...
Oui!...
JOSÉFA.
Quel est ce mystère?... et que vous disait-il?
LA COMTESSE.
Parlez!...
CERVANTES.
De la prison pour moi s'ouvre la porte.
JOSÉFA.
O bonheur! loin de moi ce seul moment emporte
Les tourments si cruels que pour vous j'ai soufferts.
LA COMTESSE.
Et dont j'ai pris ma part.
JOSÉFA.
Oh! que de vœux offerts
Devront être acquittés par ma reconnaissance!
CERVANTES.
Je dois te prévenir, cependant, qu'une absence...
JOSÉFA.
Une absence?
CERVANTES.
Déjà vas-tu t'en effrayer?

C'est un léger ennui qu'il nous faut essuyer.
Pour assoupir l'affaire, il est prudent et sage
Que j'aille en ce moment faire un petit voyage.
On vient de m'en donner l'officieux avis :
Ces avis-là toujours veulent être suivis.
JOSÉFA.
Eh bien! emmenez-moi.
CERVANTES.
Non, fatigue inutile!
Un abri protecteur, un refuge tranquille,
Pour toi, pendant ce temps, n'est-il pas assuré
Sous l'aile de ta mère?..
JOSÉFA.
Oui...
CERVANTES.
Je t'y laisserai.
LA COMTESSE, avec effusion.
Merci!
CERVANTES.
Vous lui ferez la vie heureuse et douce?...
LA COMTESSE.
Oh! oui...
CERVANTES.
Le temps s'abrège et la peine s'émousse,
En parlant de l'absent : de moi vous parlerez.
LA COMTESSE.
Toutes les deux, sans cesse.
JOSÉFA.
Et vous nous reviendrez?...
CERVANTES.
Autant qu'il se pourra je ferai diligence.
JOSÉFA.
En quels lieux allez-vous?
CERVANTES.
Vers le midi, je pense.
JOSÉFA.
Mais de votre départ le jour est-il prochain?
CERVANTES.
Très-prochain.
JOSÉFA.
Ce serait peut-être... dès demain?
CERVANTES.
Plus tôt.
JOSÉFA.
Ce soir?...
CERVANTES.
Plus tôt.
JOSÉFA.
Quoi! c'est donc?...
CERVANTES.
Tout à l'heure.
JOSÉFA.
Tout à l'heure!
CERVANTES.
O mon Dieu!
JOSÉFA.
Vous pleurez?
CERVANTES, tâchant de se contenir.
Moi! je pleure?

SCÈNE XIV.

LES MÊMES, MIRALÈS.

MIRALÈS.
Ah! seigneur!...
CERVANTES.
Ici! vous!
MIRALÈS.
Oui, grâce au commandant.
En vain je caressais un espoir imprudent :
L'exil pour vous! l'Afrique et sa funeste plage!...
CERVANTES.
Silence!
JOSÉFA.
Voilà donc quel était ce voyage!
MIRALÈS.
Vous ne le saviez pas?
JOSÉFA.
Eh! non! Il me trompait!

(Avec un ton de reproche.)
Mon père !

CERVANTES.
En te cachant le coup qui me frappait,
Je pouvais contre lui trouver en moi des armes ;
Mais s'il faut endurer ton désespoir, tes larmes...

JOSÉFA, avec énergie.
Mon désespoir ?... non pas, car se désespérer,
C'est faiblir ! Moi, grand Dieu ! loin de vous demeurer
Ici, tranquillement, heureuse et bien choyée,
Avez-vous pu le croire ? Avec art employée,
La ruse, en contenant mes larmes dans mes yeux,
Eût adouci pour moi le moment des adieux ;
Et puis, tout était dit ! Non, le voile s'écarte !
Vous sentez qu'avec vous il faut bien que je parte.
Je le veux ! c'est mon droit, mon devoir ! Vous iriez
Seul vers ce morne exil !... seul vous y languiriez,
Tandis... Mais quelle peine ai-je donc méritée
Pour me voir à ce point par vous déshéritée ?

LA COMTESSE, à part.
Noble enfant !...

CERVANTES.
Pense donc à mon affreux chagrin
De te voir à Ceuta, sur ce rocher d'airain,
Souffrir, à mes côtés, pauvre fleur languissante !

JOSÉFA.
Je souffrirais bien plus, de mon devoir absente !

CERVANTES, prêt à s'éloigner, à la comtesse.
Gardez-la... pour toujours !

LA COMTESSE.
Non... mais comme un dépôt
Qu'à vos mains je rendrai, je l'espère, et bientôt.

JOSÉFA, s'attachant à son père.
Laissez, laissez venir votre consolatrice !

CERVANTES.
Laisse-moi de ta lèvre écarter ce calice !

JOSÉFA.
Ce devoir, désormais plus cher et plus sacré,
Laissez-moi le remplir !

LA COMTESSE, à part.
Mon cœur est déchiré !
Saint et cruel débat !

JOSÉFA.
Ces funestes présides
N'auront point de rochers, point de sables arides
Qu'un rayon de bonheur ne puisse féconder,
Si Dieu bénit mes soins et daigne les guider !
Chacun succomberait sous sa peine isolée ;
Mais de quelque douceur elle est parfois mêlée,
Et l'on sent bien moins lourd le fardeau de sa croix,
Quand on est deux ensemble !...

MIRALÈS.
Et mieux encore trois.
Je pars aussi !

CERVANTES.
Qui ? Vous ?

MIRALÈS.
Oui... pour m'ouvrir l'entrée
D'une carrière ici de rivaux encombrée,
Mon projet est parfait.

CERVANTES.
Détour trop généreux,
Pour lier vos beaux jours à mon sort malheureux !

MIRALÈS.
Et moi, si c'est par goût que là je prétends vivre ?
Et si c'est le bonheur que je veux y poursuivre ?
Si ce lieu redouté, loin de m'être cruel,
M'attire sur vos pas comme un chemin du ciel ?
Je vous aimais, seigneur, avant de vous connaître :
D'un autre sentiment si je ne suis pas maître,
Ils se sont tous les deux à tel point confondus,
Que pour les séparer vos soins seraient perdus.
Pardonnez de mon cœur l'élan trop téméraire !
En ce moment suprême il ne peut plus se taire,
Et peut-être l'exil vous serait allégé,

Quand le poids par un fils en serait partagé !

JOSÉFA, avec un suprême effort.
Non... non... à m'oublier... c'est moi qui vous convie.
Votre mère !...

MIRALÈS.
Ma mère !...

JOSÉFA.
Oh ! pensez ! sur sa vie,
Pensez quel triste voile et quel deuil s'étendrait !...

LA COMTESSE, à part.
Ainsi que sur la mienne !

JOSÉFA.
Oh ! qu'elle souffrirait,
Lorsque vous appelant, de regrets consumée...

LA COMTESSE, à part.
Mère aussi, je perdrais ma fille bien-aimée !

SCÈNE XIV.

LES MÊMES, LE MARQUIS.

LA COMTESSE, qui, à la vue du marquis, a paru prendre une résolution
énergique, allant au-devant de lui.
C'est vous, Monsieur ?... Mon rang est brillant, envié ;
Cet emploi qu'à mes mains la reine a confié,
Vers lequel, à tout prix, j'ai marché d'un pas ferme,
Il n'est peut-être pas pour moi le dernier terme ?

LE MARQUIS.
En effet : vous savez, par un bienfait nouveau,
Qu'en signant au contrat, la reine, pour cadeau,
Vous fait première dame, et j'en ai la promesse.

LA COMTESSE.
Eh bien ! étonnez-vous de tant de hardiesse ;
Mais moi je revendique, à la face des cieux,
Un titre encor plus beau, plus grand, plus précieux !

LE MARQUIS, avec surprise.
Lequel ?

LA COMTESSE.
Celui de mère ! Ah ! c'est le seul au monde,
C'est le seul désormais auquel mon cœur réponde.
(A Joséfa.)
Viens, ma fille !

LE MARQUIS ET MIRALÈS.
Sa fille !

LA COMTESSE.
Oui, viens-t-en sur ce cœur !
J'oppose à tous les traits un bouclier vainqueur ;
Alors qu'entre eux et moi ce saint amour se place,
Ils ne m'atteindront pas.

LE MARQUIS.
Voilà qui me terrasse !
Je n'en puis revenir !... Mais, Madame, comptez
Que lorsqu'on va savoir...

LA COMTESSE.
Adieu mes dignités
Et ces honneurs nouveaux, ma plus chère espérance ?
Le coup qui me menace, eh bien ! je le devance.
Ces titres pour lesquels mon cœur presque flétri,
Avait de la nature étouffé le doux cri,
Contre un arrêt prévu bien loin de les défendre,
A qui me les donna, c'est moi qui vais les rendre.
Oui, jusqu'à mon honneur que, tremblant d'un coup d'œil,
Avec un soin si cher conservait mon orgueil,
Fragile et faux honneur greffé sur l'artifice,
A ce devoir plus saint j'en fais le sacrifice ;
Gardant le seul trésor que j'aie à conserver,
Par cet abaissement je vais me relever.
Je sens que désormais nul joug ne me domine,
Et qu'un air libre et pur dilate ma poitrine !

LE MARQUIS.
Un mouvement si beau, Madame, est superflu.
Satisfait en ceci de vous avoir complu,
Moi, de qui l'on maudit la funeste influence,
J'apporte au commandant un ordre de clémence.

LA COMTESSE.
Vous ?

LE MARQUIS.
De la part du roi; mais je crois près de lui
Qu'à ce bon résultat ma voix n'aura pas nui.

MIRALÈS, à part.
Ma foi! si c'est par lui qu'ici le bien arrive...

LE MARQUIS, montrant Cervantes, et tirant de son pourpoint un pli cacheté.
J'ai pour Monsieur lui-même en outre une missive.

CERVANTES, s'avançant vers le marquis.
Qu'est-ce donc?...

LE MARQUIS.
Sous ce pli je n'ai pas pénétré.

CERVANTES, ouvrant la lettre; avec transport.
O mon Dieu!

JOSÉFA.
Dites-nous?

CERVANTES.
Bonheur inespéré!
Libre!... Et de plus le roi, parole sans réplique,
Veut qu'il soit sur-le-champ, fait droit à ma supplique.
Et de sa propre main!
(Mouvement de joie chez tous, excepté chez le marquis.)

JOSÉFA.
Mon père, donnez-moi!...
Je veux voir et baiser l'écriture du roi.
(Prenant le papier.)
Qu'ai-je lu?... « Cette grâce est par nous accordée
à A Miralès, l'étudiant. »
(À Miralès avec bonheur et tendresse.)
A vous!...

LA COMTESSE, au marquis, ironiquement.
Alors, Monsieur?...

LE MARQUIS, à part.
C'est trop mortifiant!

JOSÉFA, lisant.
« Mais par un autre encore elle était demandée.
« Sancho plaidait auprès de nous,
« Et goûtant ses leçons si sagement plaisantes,
« Quand nous usons d'un droit qui nous est cher et doux,
« De Barataria nous datons les présentes. »

MIRALÈS.
Audaces fortuna... comme on dit en latin!
Nous l'avons donc gagné, ce coup plus qu'incertain!
De mon mieux en trois mots j'avais fait une note
Pour le roi: je la mets, où? dans mon *Don Quichotte*,
A l'endroit qui, par moi, tantôt lui fut conté.

L'huissier qui m'a tout dit, prié, pressé, flatté,
Se charge de placer, sans que nul le remarque,
Le livre-talisman sous la main du monarque.
L'effet, vous le voyez, s'est produit tout entier,
Et de la Manche ainsi le vaillant chevalier
A conjuré, vaincu, mais non sans quelque peine,
Des enchanteurs félons la puissance malsaine!...

LA COMTESSE, au marquis, avec ironie.
Quel tort de vous avoir dérobé ce beau trait,
Monsieur!

LE MARQUIS, enragé.
(À part.)
Plaît-il, Madame?... Oh! que bien l'on ferait
Si de ces écoliers on supprimait l'engeance!
(Il sort en remettant un papier et disant bas un mot au capitaine Rifador, qui paraît en ce moment, et qui témoigne sa joie en serrant affectueusement la main à Cervantes.)

SCÈNE XVI.

RIFADOR, JOSÉFA, CERVANTES, MIRALÈS, LA COMTESSE.

JOSÉFA.
Ainsi, nous n'avons plus à craindre sa vengeance?

LA COMTESSE.
Non, non.

MIRALÈS.
A nos amis je vais vite porter
Cet heureux résultat. Pour vous féliciter,
Nous viendrons; — mais chez vous, — tous avec des couronnes.

CERVANTES.
Mon fils! — Merci, mon Dieu, des biens que tu me donnes!

MIRALÈS.
Nous sommes près de vous, nous, pauvres écoliers,
De la postérité les obscurs devanciers.

CERVANTES.
Ah! conservez toujours, conservez dans vos âmes
Ce saint amour de l'art, ces généreuses flammes.
Dans le rang le plus humble ou sur les hauts sommets,
Ce qu'on vaut par soi-même on ne le perd jamais.
Fuyez d'un or souillé les vénales attaches:
Les trois, s'il faut choisir, valent mieux que les taches;
Et croyez, dans le bien toujours persévérant,
Que le plus honnête homme est aussi le plus grand.

FIN.